CFO

기업 재창조를 위한 리더십

가림 경영학 총서 14

CFO

기업 재창조를 위한 리더십

교텐 토요오 · 타하라 오키시 지음 / 민병수 옮김

가림출판사

CFO
by
Toyoo Gyoten · Okishi Tahara

Copyright © 2002 by Toyoo Gyoten · Okishi Tahara
Original Japanese edition published by Diamond Inc.
Korean translation rights arranged with Diamond Inc.
through Shin Won Agency Co., Seoul.
Korean translation rights © 2003 by Saerowoon Jean Publishing Co.

　경영의 투명성이나 주주가치의 최대화를 중시하는 미국형 경영 시스템에 대해 상호주식보유의 수법으로 경영자와 주주의 대립관계를 회피하여, 투자수익보다 거래처와의 오랜 유대를 중시하는 것은 어느 쪽이 우수하다는 차원의 것은 아니다. 1980년대 이전은 일본형 경영 시스템이었다.

　미·일의 경영 시스템의 차이에 대해서는 과거부터 다양한 논의가 전개되어 왔다. 그렇지만 미·일의 경상 시스템의 차후, 세계적인 규제 철폐의 흐름에 따르는 세계화와 정보기술의 혁명적인 진전을 배경으로 주주와 경영자의 이해 대립이 한층 더 고조된 사태를 해결하기 위하여 미국의 경영자가 스스로 선택하고 발전시켜 온 시스템이 미국형 경영 시스템이다. 한편, 일본형 경영 시스템이란 제2차 세계대전 후 오래 지속된 냉전 구조 속에 평화로운 국제 환경 아래에서 글로벌화(세계화)가 유예(猶豫)된 일본이라는 폐쇄적인 시장 안에서만 기능해 왔던 특이한 경영 시스템이며, 1990년대의 거품경제 붕괴에 의해 국내 시장 보호라는 구조가 파괴된 시점에서 이미 제 기능을 다하지 못하는 사실을, 우선 우리는 직시해야 한다. 2001년 이후, 미국의 IT 버블(거품) 붕괴에 가세해 엔론 사의 문제도 표면화되었다. 일본형 경영 시스템을 사수하고 싶어 하는 사람들을 중심으로, 미국형 경영 시스템에 대한 불신의 소리 도 드높아지고 있다. 확실히, 미국형 경영 시스템도 시장주의 경제 하의 시스템으로서 아직 성숙하지 못했다는 것이 증명되었다. 그 렇지만 지금 우리에게 필요한 것은 미국형 경영 시스템을 무작정 따라 가는 일이 아니라, 정계 · 관계 · 재계 · 학계 전체에 걸쳐 착 수가 늦어버린 세계화 시대의 새로운 경영 시스템의 이론 구축과 그 실천이다.

집행임원이나 사외이사라는 미국식 기업지배, 주주가치를 중시 한 재무적 의사결정 시스템의 확립은 CFO(최고 재무책임자)라는 경영자의 존재에 상징되고 있다. 경영집행에 임하여 재무 면에서 의 의사결정에 관한 모든 책임을 담당하는 CFO는 점점 더 엄격해 지는 시장 메커니즘 아래에서 미국의 경영자가 확립해 온 경영 시 스템의 한 가지 스타일이며, 책임분산형이라고도 할 수 있는 전통 적 일본형 지배를 계속하고 있어서는 세계의 기업 투자가로부터 신뢰를 얻지 못하는 것은 말할 나위도 없다.

미국형 경영의 핵심을 담당한 CFO들은 정보혁명의 흐름을 재빨리 재무라는 영역에 도입하여 일본에서는 아직 인식조차 하지 못하고 있는 '재무 매니지먼트 시스템(TMS)'의 구축을 진행시켜 기업의 총괄적인 현금 매니지먼트에서 시작하여, 재무 리스크의 일원적 관리를 실현해 왔다. 증대하는 자본 코스트에 대응하기 위하여, 효율적인 재무 매니지먼트 시스템을 배경으로 새로운 성장의 기회를 잡아 생존을 걸고 대규모 구조조정과 M&A를 전개하였다. 위기관리조차 시작하지 못한 일본 기업이 표면적인 재무 구조만을 받아들임으로써, 재무부문이 스스로 부(負)의 자산을 부풀려 버린 것과는 본질적으로 다르다.

재무부문의 본연의 자세조차 확립되어 있지 않은 일본 기업에 있어, CFO 본연의 자세를 전망하면서 효율적인 재무 매니지먼트 시스템을 구축해 가는 것이, 일본 기업이 완수해야 할 첫 걸음임은 틀림이 없다.

CFO를 일본에도 정착시켜 가지 않으면 안 된다는 생각은 매우 강하고, 추후 일본의 첫 재무 교육기관인 일본 CFO협회를 발족시켜, 이사장으로서 일본 기업의 재무 매니지먼트력의 향상과 장래의 CFO 육성에 힘쓰고 있는 중이다. 이번에 전대미문(前代未聞)의 난국에 즈음하여 자신을 잃어버린 일본 기업의 경영자나 경영간부는 말할 것 없고, 내일의 일본을 이끌어갈 젊은 비즈니스맨에게 이 생각을 전하고자, 오랜 세월에 걸쳐 오직 한 길로 외자계 기업의 경리 · 재무부문을 이끌어온 타하라 오키시 씨와 함께, 이 책 『CFO』의 집필을 시도했다.

　　타하라 씨는 2001년에 썬마이크로시스템의 전무이사를 퇴임한 후 일본 CFO 협회의 이사로 있다. 뜻을 같이 하는 동지인 타하라 씨의 풍부한 경험과 통찰력이 없었다면 이 책의 집필은 못 하였을 것이다.

　　또 똑같이 협회의 이사로서 일본판 CFO의 확립을 향하여 온힘을 쏟고 있는 두 분의 협력을 받았다. HSBC 증권회사 최고 책임자인 야마다 아키노부 씨로부터 제2장 ‘CFO의 역할’ 의 전면적인 협력을 얻었다.

통산성 (현 경제산업성), 투자은행업무에 더하여, 하시모토내각 총리대신 보좌관부 조사원이라는 경력을 가진 야마다 씨는 명석한 이론전개로 CFO에 대한 정의를 분명히 해주었다.

또 제5장 '닛산 리바이벌 플랜에서 배우는 CFO의 역할' 에서는 닛산 자동차의 CFO로서 재무 면을 이끌어 높은 실적을 남긴 티에리 무론게 씨의 강연 내용을 소개하고 있다. 무론게 씨는 글로벌화라는 시대에 필요한 재무 매니지먼트 수법을 실천하여 성공을 거두었다. CFO를 일본에 정착시켜 가는데 희유한 케이스 스터디일 것이다.

이 책이 일본 기업의 재무 매니지먼트력 향상에 기여하고, 또 일본판 CFO의 확립에 도움이 될 것을 바라는 바이다.

2002년 7월

교텐 토요오(行天豊雄)

제1장   드디어 CFO가 나갈 차례가 왔다

제2장   CFO의 역할

제3장   CFO의 실천적 마음가짐

제4장   비즈니스 파트너로서의 과제

제7장　변혁에의 도전

제8장　CFO, 21세기의 역할

제1장
드디어 CFO가 나갈 차례가 왔다

글로벌화의 물결

Chief Financial Officer

IT화에의 늦은 대응

　2000년을 경계로 비즈니스를 둘러싼 환경이 격변하여, 지금까지의 일본식 경영 방침으로는 이미 기업 그 자체를 운영해 나갈 수 없게 되었다. 1980년대, '재팬 애즈 넘버원(Japan as number one)'이라고 전 세계의 비즈니스맨으로부터 놀라움과 선망의 대상이었던 일본 경제와 일본식 경영이 이렇게 퇴조한 이유는 무엇인가?

그 요인을 둘러싸고 항간에서 다양한 논의가 전개되고 있는데, 근본적인 요인을 한마디로 표현하면 빠르게 전개되는 글로벌화의 물결에 적절하게 대응하지 못했던 것이 가장 큰 요인이라고 해도 과언은 아니다.

그러면 글로벌화의 물결이란 구체적으로 무엇을 뜻하는 것일까? 최근 들어 전 세계가 인터넷으로 이어지는 시대가 되면서 경영 및 비즈니스의 IT화로 인하여, 모든 것이 초스피드로 이루어지고 있다. 우리의 의지와는 상관없이 경영상의 결단을 내리지 않는다면 IT 경쟁 시대에서 살아남을 수 없는 시대를 맞이하고 있다. 그러나 그러한 시대의 요청에 대한 일본 기업들의 자세는 미국이나 유럽 국가들에 비하여 크게 뒤떨어지고 있는 것이 현실이다.

인터넷을 중심으로 하는 정보기술 분야의 눈부신 진보가 산업구조를 크게 바꾸었다는 점에 이의를 제기하는 사람은 없을 것이다. 특히 컴퓨터의 고성능화 및 통신의 고속화와 대용량화의 영향은 매우 크고, 인터넷 이용자의 폭발적인 증가를 가져왔으며 동시에, 허와 실이 혼합된 형태로 신규기업을 창출하였고, 미국 나스닥 시장을 중심으로 열광적인 고주가(高株價)를 이루어 버블(거품)을 부풀렸다. IT 주도의 경제 파급효과는 인플레 없는 지속적 고성장을 가져온다는 뉴이코노미론(new economy論)까지 나오게 하였지만, 2000년 3월 이후로부터의 주가 급락에 의해 IT 버블이 붕괴되어 세계 경제는 후퇴할 수밖에 없게 되었다.

특히 일본에서는 IT화에 의한 경제회생에 착수한 직후의 버블 붕괴였던 만큼, IT 분야에서의 늦은 출발을 만회하려는 시도는 문자 그대로 거품으로서 사라진 모습이었다. IT 버블 붕괴로 관련 업계가 매우 어려운 상황에 처한 현재, 적어도 가까운 장래에는 IT가 1990년대 후반에 보여준 활발한 활동성은 기대하기가 어렵다는 것이 일반적인 견해이다.

하지만 닷컴, 네트워크에 의한 경영의 스피드화가 후퇴하지는 않을 것이고, 앞으로 경영의 스피드화뿐만 아니라 인터넷을 주축으로 하는 경영환경의 변화가 한층 더 깊고, 그리고 넓게 진행할 것임은 틀림없는 사실이다. 일본식 경영이 회복이 어려울 정도로 실패한 요인 중의 하나가 정보통신 기술을 경시했던 데에 있음은 말할 나위도 없고, 제대로 명심하지 않는 한, 앞으로도 유럽과 미국의 여러 기업들에 크게 뒤처지게 될 것이다.

이제부터는 인터넷, 모바일의 이용, 네트워크 기술의 진전을 중심으로 하는 실질적인 비즈니스 모델의 변혁과 구축을 지향하지 않을 수 없을 것이다.

잃어버린 1990년대

일본 기업들은 버블 붕괴 후의 '잃어버린 10년' 동안에, 상호주식보유 상태라는 자본구조가 흔들려, 유럽 및 미국과 같은 자본 코스트를 의식한 재무 매니지먼트를 행하지 않을 수 없는 상황에 직면하고 있다. 주거래 은행이 기업의 주식과 차입을 양방으로부터 지탱해 온 상승세의 일본경제 아래에서는, 재무라는 개념이 올바로 인식되는 일이 드물었고, 본업과 동떨어진 투자활동으로서의 재무에 치달은 씁쓸한 경험도 있어서인지, 재무의 필요성이 올바르게 인식되고 있다고는 말하기 어려운 것이 현실이다.

기업가치를 높이는 필요성이 거론되기 시작한 지금에도, IPO(주식 공개)나 M&A(합병·매수)라는 구체적인 재무의 방법론에만 관심이 쏠려, 재무 매니지먼트가 가지고 있는 견실한 본래의 역할이 논의되는 일은 없는 것으로 생각된다. 지금 우리에게 요구되고 있는 것은 기업활동의 의사결정의 기초인 재무의 강화이고, 이것이 앞으로의 일본 기업의 국제경쟁력 향상을 위한 중요한 테마라고 해도 과언이 아니다.

그 재무를 강화하려면 종래의 재무활동의 문제점과 개선점을 정확히 판단할 필요가 있다. 그래서 버블 발생으로부터 오늘까지의 일본 경제 흐름을 간단하게 돌이켜보면서 그 문제를 생각해 보기로 하자.

일부 예외적인 기업들을 제
외하고 많은 기업이 버블에
들뜬 1980년대, '각 기업의 경
리, 재무담당자가 버블의 위험성
을 알아차리고 있었더라면 오늘과 같은
참상은 피할 수 있었을 것이다'라는 일부의 지적
이 있다. 말 그대로 경리, 재무담당자의 책임은 결코 가볍
지는 않다. 그러나 한마디로 모든 것이 재무담당자나 경리의 책임
이라고 단정하기에는 조금 무리가 있을 것이다. 지금까지의 경영
구조 그 자체가 문제를 안고 있었기 때문이다. 예를 들어 기업의
계열화, 은행을 개입시킨 간접금융, 더 말하면 연공서열이라든지
종신고용제 등을 경영구조의 핵심에 두어 온, 이른바 일본식 경영
자체에 버블 발생의 원래의 요인이 있었던 것이다.

그 중의 하나, 은행을 개입시킨 간접금융에 대하여 돌이켜보면
버블 경제가 붕괴되기 이전, 대부분의 기업이 은행 등의 금융기관
을 통해서 자금을 조달하는, 이른바 간접금융을 중심으로 하는 산
업구조를 형성하고 있었다. 은행에 모이는 개인 및 사업자의 금융
자산이 기업의 설비투자에 사용되어, 그것이 매상 증가로 이어져
서 또 재투자된다는 순환이 만들어져 있었던 것이다. 토지 등의 자

산 인플레가 거기에 박차를 가해 재고증가(在庫增加)에 의한 일시적인 생산조정이 필요해진 경우도 있었지만, 언뜻 보기에 아무 모순도 없는 투자 사이클이었다.

그러한 투자 사이클이 원활하게 회전하고 있었던 것도, 호송선단방식(護送船團方式)으로 비유되는 관민(官民) 일체가 된 산업육성정책이 있었기 때문이다. 다만 그 호송선단방식이 위력을 발휘한 것은 제2차 세계대전 후부터 고도성장기까지이며, 그 이후에는 오히려 일본 경제의 족쇄가 되어 일본 기업의 경쟁력을 상실시키는 결과가 된 것은, 누구나 다 알고 있는 바이다. 그런데 경제성장에 온 국민이 취하고 있던 그 당시, 그것을 알아차리는 사람은 거의 없었다. 그 때문에 각 기업은 거의 예외 없이 규모의 확대, 즉 이익보다 매상을 우선하는 매상지상주의(賣上至上主義)를 표방하여, 이익에는 다소 등한시해도, 무조건 매상을 올려서 시장점유율을 확대하는 데에만 혈안이 되어 있었다. 그 뿐이면 괜찮았지만, 눈에 띄는 토지가 있으면 닥치는 대로 매수한다는 기업 재테크방식은 재무 본래의 기능을 완전하게 상실했다고 볼 수 있다.

경제가 상승세로 성장을 계속하는 동안은 그래도 별다른 문제는 되지 않았다. 하지만 일단 디플레이션 현상을 일으키게 되자, 대량재고(大量在庫)의 발생 등 매상지상주의의 디메리트(불리한 점)가 기업을 덮치게 된다. 물론 이익은 거의 나오지 않게 된다. 거기에 더하여 부실채권문제가 분출하여 이미 해결방법도 없고, 무너져 가는 일본 경제를 그저 수수방관할 수밖에 없었다는 것이 1990년대, 이른바 잃어버린 90년대였다. 그러나 언제까지나 방관만 할 수는 없다. 하루라도 빨리 일본 경제를 바로 세우지 않으면 안 된다고 하여, 최근에 와서 일본 기업은 거의 예외 없이 새로운 구조에의 대응을 계속 모색하고 있지만, 그 중심은 앞에서 서술한 대로 재무의 강화여야만 한다. 그런데 재무의 역할에 관한 정당한 논의는 되어 있지 않고 이번에는 전술만 바꾸어 IPO나 M&A만이 재무의 역할인 것처럼 곡해하는 기업 관계자가 많은 것이 현실이다.

회계기준의 재검토

심지어 그러한 사람들까지도 현 시점에 와서는, 드디어 잠을 깨지 않으면 안 될 상황이 되었다. 국제회계기준(IAS : International Accounting Standards)이라는 이름의 글로벌화의 물결이 밀어닥쳐 왔기 때문이다.

회계 처리에 관해서는, 지금까지 일본의 독자적인 회계기준에 준하면 그것으로 좋다고 여겨져 왔다. 그러나 경제의 글로벌화가 진행된 지금, '싫다, 좋다'에 관계 없이 회계원칙을 고쳐보고 국제적인 회계기준에 맞추지 않는다면, 세계로부터 대접을 받을 수 없는 시대를 맞이한 것이다. 다만, 보다 정확을 기한다면, 국제회계기준이라는 이름의 글로벌화의 물결은 어디까지나 계기에 지나지 않고, 회계원칙 재검토의 직접적 원인은 **함익경영**(含益經營)의 한계에 있다고 해야 할 것이다.

일본은 지금까지 발생주의 회계에 철저한 미국에 대하여, 이른바 함익회계가 행하여져 왔다. 그 함익회계도 자산가치가 계속 오를 때에는 이익이 나오므로 아직 허용된다. 그런데 디플레이션에 의해 자산가치가 마이너스로 변하면 기업회계는 즉시 기능을 정지해 버린다. 즉 재무제표가 경영실태를 반영하지 않게 되는 것이다. 전 세계적으로 사업을 전개하고 있는 일본 기업에서는, 이러한 문제를 방치하는 것은 사활이 걸린 문제이다.

한편, 경제의 글로벌화에 따라 외국 투자가들이 차례로 일본시장에 참가하게 되었다. 외국인 투자가에게 있어 경영실태를 반영하지 않는 재무제표는 전혀 신용할 수 없다. 일본판 현지회계기준을 사용하여 회계처리를 하여도 곤란하다. 국제회계기준에 준하지 않으면 일본의 회사에는 투자할 수 없다라는 소리가 여기 저기서 들끓는 것도 당연하다면 당연하다.

이렇게 하여 일본의 기업은 회계기준을 재검토하지 않을 수 없는 상황에 몰렸던 것이다.

함익경영 : 일본식 경영의 전형. 과거에 주가가 상승하던 시절에 장부가격이 싼 주식을 대량으로 보유하여 기업의 긴급지출시에 사용하던 경영방식 · 일반적으로 이런 주식을 많이 보유하는 회사일수록 좋은 회사라고 불렸으나 주가의 급격한 하락시대를 맞아 오히려 기업의 안정성을 위태롭게 하는 경우도 생긴다.

국제회계기준, 기다릴 틈이 없다

Chief
Financial
Officer

국제회계기준이란?

그러면 국제회계기준이란 어떤 것일까? 그 개요를 설명하면 다음과 같다.

국제회계기준이란 원래 상관습(商慣習)이나 정책의 차이에 따라 나라마다 상이하게 행하여져 온 손익계산방법이나 재산평가방법을 통일하여 전 세계 어디서나 통용되도록 설정한 것으로, 그것을 위한 논의가 시작되었던 것은 1973년의 일이다. 프랑스, 독일, 영국, 네덜란드, 오스트레일리아, 캐나다, 멕시코, 미국, 일본의 9개국 회계사 단체에 의해 국제회계기준위원회(IASC)가 설치되어 통일을 향한 논의가 시작되었다. 그리고 4반세기가 지난 1998년 12월, 간신히 요지가 만들어짐으로써 일본에서도 종래의 일본만의 독자적인 회계기준으로부터 국제기준으로 변경하게 되었던 것이다. 그 회계기준의 주요한 변경점은 연결회계, 시가회계 및 현금흐름 계산서의 도입이라는 세 가지이다. 그 밖에 퇴직급여회계, 그리고 현 시점에서는 재고되고 있는 감손회계에도 언급해 두지 않으면 안 될 것이다. 이런 점에 대하여 국제회계기준에 맞추지 않는다면, 일본은 더욱 더 세계로부터 멀어져서 로컬화(지역화), 이른바 경영의 로컬화 및 회계처리의 로컬화를 피할 수 없는 상황이 되었다.

연결회계

우선 연결회계인데, 종래의 회계원칙에서는 산하에 몇 개의 자회사를 가진 그룹에서도 1년에 1번이나 중간결산을 포함하여 1년에 2번, 이른바 모회사의 재무제표를 발표하고 있으면 그것으로 좋다고 되어 있었다.

그런데 기업의 그룹화가 급속히 진행됨에 따라 모회사의 업적만으로는 그룹 전체의 상황을 좀처럼 파악하기 어려운 상황에 접어들었다. 예를 들어 그룹 내에 간과할 수 없을 정도로 큰 적자를 가진 자회사가 있다고 해도, 모회사 단체의 결산내용이 좋으면 그룹으로서의 업적까지 좋은 것처럼 보이고, 혹은 부실자산이나 부채의 인수, 과잉재고 등을 자회사로 옮겨도 단독결산에서는 겉으로 드러나지 않는다. 이것을 가지고는 기업이 발표하는 재무제표를 신용할 수 없다. 그래서 그룹 전체의 성적을 알 수 있도록 개시하려는 것이 연결회계이다. 이 연결회계에의 이행은 그룹 경영전략의 재건을 꾀하는데 오히려 좋은 기회가 되므로 적극적으로 파악해야 할 것이다.

이 연결회계에의 변경은 이미 2000년 3월부터 실시되고 있다.

시가회계

시가회계는 자산이나 부채를 시가에 근거하여 대차대조표에 계상한다는 사고방식이다. 국제회계기준에서는, 자산과 부채의 평가는 시가로 행하는 것을 원칙으로 하고 있으므로 고정자산, 금융자산 및 재고자산이 대상이 된다.

기업이 소유하는 자산이 이익을 계속 내는 상태에서는 시가회계가 아니어도 그다지 문제는 없었다. 그런데 자산 디플레이션에 돌입하여 자산가치가 감소하면, 재무제표상의 가치와 실제 가치와의 괴리가 확대되어 실태를 반영하지 않게 된다는 큰 문제가 생겨난다. 그 문제를 해소하기 위해 국제회계기준에서는 자산 전체를 시가로 옮겨놓도록 하고 있어, 이로써 일본에서도 유가증권 등의 금융자산 및 판매용 부동산에 관해서는 이미 2001년 3월부터 시가회계로 변경하였다.

이로 인하여 그 때까지 숨겨졌던 함손(含損; latent loss)이 단번에 분출하여 기업결산에 격진을 가져왔다. 물론 앞당겨서 적용하던 기업도 있었지만, 많은 기업이 고액의 특별손실을 계상했던 것은 기억에 새롭다.

또 균형주식에 대해서는 1년간의 유예를 갖게 하여 2002년 3월을 기한으로 그 때까지 시가평가로 전환하는 것으로 되어 있었다. 즉 중간결산을 하고 있는 기업은 2001년 9월 30일로 기다릴 틈 없이 이것을 적용하지 않을 수 없다는 것이고, 은행을 비롯한 각 기업이 상호보유주식의 해소에 분주한 배경에는 그러한 사정이 있었다.

감손회계

　그러한 흐름 속에서 유일하게 국제회계기준에의 대응이 늦어지고 있는 것이 감손회계다. 이것은 사업을 해가기 위해 기업이 사용하고 있는 토지, 건물, 기계설비, 생산설비 등의 자산 및 고정자산으로서 계상하는 부동산의 가치가 하락할 경우, 회계상의 손실처리를 의무 짓는 것이다. 시장가격이 있는 유가증권 등의 금융상품과 판매용 부동산에 관해서는 앞에서 서술한 것처럼 2001년 3월부터 시가주의로 이행하고 있지만, 감손회계에 대해서는 이를 지금 도입하는 것은 일본의 기업 및 일본 경제에 있어 너무 충격이 강할 것으로 판단되어 재고되고 있는 실정이다. 만일 감손회계가 도입되면 버블 붕괴 후의 자산 디플레이션에 의해 토지 등의 거액의 잠재손해를 안은 기업은 현저한 영향을 받게 된다.

　덧붙여서 미국기준이나 국제회계기준에서는 이미 감손회계가 도입되고 있어 주요 선진국 중에서는 일본만이 늦은 상태이다.

퇴직급여회계

그 밖에는 퇴직급여회계라고 하는 것도 시가회계 기준의 큰 포인트로서 지적해 두지 않으면 안 된다.

기업회계원칙의 발생주의에 따르면, 지금까지 채무인 퇴직일시금과 퇴직연금은 당연히 적립되어 있었어야만 할 것이다. 그런데 일본의 기업은 지금까지 세법, 상법, 증권거래법의 세 가지를 기준으로 회계를 해왔기 때문에 전액을 적립해 오지 않았다. 그 대신 종업원으로부터 맡은 갹출금과 회사의 부담금을 신탁은행 등에 의뢰하여 운용, 그 운용이익을 퇴직일시금이나 퇴직연금에 충당했다. 퇴직일시금제도에서는 세법상 100만 엔의 퇴직금 중 일부 (2003년부터는 20만 엔)만 충당해 두면 세금이 없지만, 100만 엔을 적립하면 그 차액은 손실금으로서 인정되지 않는다고 여겨지고 있었기 때문에 전액을 적립하는 것은 어리석다는 사정이 있었기 때문이다.

그렇다고는 해도 발생주의와는 마치 동떨어진 곳에서 연금회계가 행해지고 있었던 것, 그리고 연금이 전액 적립되어 오지 않았던 데에는 다름이 없다. 게다가 신탁은행 등에서의 자금운용의 예정 이율은 1996년까지는 5.5%로 되어 있었기 때문에 여기서도 적립부족이 발생하고 있다. 이 연금기금이 안은 잠재손해를 더하면 부족액은 방대한 액수로 불어난다. 극단적인 이야기로, 모든 종업원이 일제히 회사를 그만둔다고 하면, 그들에게 지불할 원자금이 없는 것이 실정이다.

그 방대한 금액(부채)을 장부 외에서 처리하는 것이 아니라, 제대로 재무표에 계상(計上)하라는 것이 국제회계기준이다. 이에 의해 기업 간의 비교 가능성을 확보할 수 있게 된다. 과거의 채무를 한꺼번에 계상하게 되면 수익에 끼치는 영향이 크기 때문에, 일정 기간 내에 상각(償却)할 수 있다고 여겨지고는 있지만, 부담이 크게 증가하는 데에는 다름이 없다. 그것만이 아니라, 장부 외 채무의 규모가 분명해져서 기업가치를 해치는 것도 예상된다. 실제로 일본기준에서는 흑자였던 기업이 미국의 주식시장에 상장하기 위해 미국기준을 적용했더니, 대폭적인 적자 기업으로 전락한 일본의 우량기업이 있었을 정도이다.

현금흐름 계산서

국제회계기준 적용에 관한 세 번째 큰 문제는 현금흐름 계산서이다.

국제회계기준에서는 재무표의 일부로서 현금흐름 계산서를 위

치부여하여 작성을 의무화하고 있다. 이것을 일본에서 도입한 것은 1999년 4월이다. 이후에 일본의 기업은 종래의 손익계산서, 대차대조표와 함께 현금흐름 계산서를 발표하지 않으면 안 되게 되었던 것이다.

회사의 경영으로 가장 중요한 것은 얼마나 수익을 올리는가이다. 그런데 실제 기업활동에 대해서는 장부상에서는 이익이 증가하고 있는데 거기에 걸맞은 현금이 수중에 없는 일이 자주 일어난다. 외상 판매금이 너무 크거나 외상 판매금의 회수가 늦거나 하면 그렇게 되기 쉬운데, 최악의 경우, 이른바 흑자도산(黑字倒産)에 몰리는 경우도 있다. 상승세의 성장시대라면, 비록 장부상의 이익에 걸맞은 현금이 수

중에 없어도 그다지 문제는 되지 않았다. 토지나 건물 등 담보가치가 있는 물건을 가지고 있기만 하면 은행이 자금을 융자해 주었기 때문이다. 그런데 대불황인 지금은 쉽게 자금을 빌려 주는 은행은 거의 없다. 그렇게 되자, 장부상의 이익 따위는 전혀 의지할 수 없고, 믿을 수 있는 것은 현금이라는 식으로 된다. 아무리 이익이 오르고 있어도 수중에 현금이 없으면 거래처에의 지불이 곤란하고, 종업원에의 급료도 지불할 수 없다. 그러니까 현금만큼 고마운 것은 없다는 셈이다.

　이렇게 하여, 이익을 대신하여 현금을 중요시하는 기업경영이 주류를 차지하게 되었고, 그것이 이른바 현금흐름 경영이라고 불리는 것이며, 회사의 현금흐름이 어떻게 되어 있는지를 나타내는 것이 현금흐름 계

산서이다. 이 현금흐름 계산서는, 손익계산서나 대차대조표보다 경영실태를 잘 반영하는 것으로 여겨져 경영지표로서 더욱 더 주목받게 되었다.

'영업 현금흐름', '투자 현금흐름', '재무 현금흐름'

그런데 기업활동은 보통, 매일의 영업활동과 그 영업활동을 위한 건물이나 생산 설비의 구입 및 투자 유가증권의 취득·매각에 의한 투자활동, 그리고 자금조달 등의 재무활동의 세 가지로 대별된다. 그래서 회사의 현금흐름을 보는 경우도 이 세 가지 활동을 따라 '영업 현금흐름', '투자 현금흐름', '재무 현금흐름'으로 나누어 각각 얼마 만큼의 돈이 증가했는가 줄었는가를 보는 것이 일반적이다.

그것과는 별도로 '자유 현금흐름(free cash flow)'이라는 것도 있어 몇 년 전부터 경제잡지 등에서 자주 다루어지게 되었다. 이것은 '영업 현금흐름'과 '투자 현금흐름'을 합계한 것이다. 즉 경영자의 매니지먼트에 의해 얼마나 현금을 낳았는가 라는 의미의 기업 수익력이나 기업가치의 증감을 나타내는 것이 '자유 현금흐름'이고, 그 의미에서 '경영자 현금흐름'이라고 불리는 경우도 있다.

'자유 현금흐름'에 포함되지 않는 것이 '재무 현금흐름'이다. 실은, 이 '재무 현금흐름'을 플러스로 가지고 가는 것만이 CFO의 역할인 것 같은 해석이 일부에서 행해지고 있지만, 이것은 큰 잘못이다. CFO는 결코 기업 재테크의 전문가가 아니라 '재무 현금흐름'마저도 포함한 모든 현금흐름에 역할과 책임을 지고 있는 것이다. 이에 대해서는 다른 부분에서 언급할 터이므로, 여기서는 '재무 현금흐름'의 중요한 포인트만을 지적해 두고자 한다.

'재무 현금흐름'의 문제점

앞에서 서술한 것처럼 '재무 현금흐름'은 직접금융, 간접금융을 가리지 않고 자금조달에 관한 돈의 출납을 나타내는 것이다.

예를 들어 기업이 은행으로부터 자금을 차입하면, 회사의 현금이 증가하기 때문에 '재무 현금흐름'은 플러스가 된다. 그런데 지금은 은행이 돈을 빌려 주기는커녕 돌려달라고 아우성이다. 그 때문에 많은 기업이 궁지에 몰리고 있는데, 은행의 요구에 응하여 돈을 갚으면 '재무 현금흐름'은 마이너스가 된다. 그런데도 '영업 현금흐름'으로 현금을 낳고 있으면 '재무 현금흐름'의 마이너스 분을 만회할 수도 있을 것이다. 하지만 실제로는 '영업 현금흐름' 자체가 마이너스여서, 이미 '투자 현금흐름' 상 플러스에 기여하는 부분을 매각할 수밖에 없는 어려운 상황에 빠진 기업이 적지 않다. 요즈음 고정자산을 처분하는 기업이 눈에 띄게 증가하는 배경에는 그러한 사정이 있는데, 그래도 늦으면 도산을 기다릴 수밖에 없다. 그러한 일이 앞으로 증가하는 일이 있어도 줄어드는 일은 없을 것이다.

그리고 하나 더, '재무 현금흐름'에서 주의하고 싶은 것이 IPO이다. 정식으로는 Initial Public Offer이다. 주식의 공개를 말하는데, 기업이 IPO를 행하면 당연히 일시적으로 자금이 들어온다. 즉 '재무 현금흐름'이 폭발적으로 플러스가 되는 것이다. 벤처기업 등이 우선은 IPO를 목표로 하는 이유는 이것을 노리는 것이다. 그런데 여기에 큰 함정이 있어, IPO로 막대한 자금을 모았지만 그 후 아무리 시간이 지나도 본업인 '영업 현금흐름'이 플러스로 변하지 않아, 주주나 투자가를 배반하는 일이 눈에 띄게 증가하고 있다. 회사 또는 사업의 장래에 대한 기대치만으로 자금을 모아 두고, 그것을 탕진하는 벤처기업이 앞으로 늘어나게 되면 건전한 주식시장 육성을 저해하게 될 것이다.

물론, 처음부터 그럴 작정으로 IPO를 하는 경영자는 없을 것이다. 사업을 크게 발전시키기 위해서 우선 IPO로 자금을 모으고, 모은 자금을 설비투자나 영업활동에 돌려 수익을 올리려고 생각하고 있을 것이다. 또 IPO를 하면 기업의 지명도를 높여 우수한 인재를 확보하기 쉬워진다는 부대효과도 있다. 그런데 긴요한 영업활동에서 현금이 만들어지지 않는다면 '영업 현금흐름'은 계속 마이너스 상태이다. 또 '투자 현금흐름'도 설비투자나 유가증권 취득에 사용한 것만큼 마이너스가 된다. 물론 영업활동으로 이익을 낳게 되면, 회사 전체의 현금흐름도 좋아지겠지만, 이익을 낼 수 없으면 IPO를 통해 일시적으로 들어온 대량의 자금도 시간이 흐름에 따라 감소할 뿐이다.

기업의 재무내용을 제대로 파악하려면 '재무 현금흐름' 뿐만 아니라 '투자 현금흐름' 및 '영업 현금흐름'을 분석하여, 그 회사가 앞으로 이익을 낼지, 혹은 이익을 창출하는 구조를 갖추고 있는지를 살펴볼 필요가 있을 것이다.

'미래 현금흐름'

주주나 투자가에게 있어 중요한 것은 과거의 현금흐름보다 장래의 현금흐름, 즉 '미래(future) 현금흐름'이다. 이 회사는 장래에 이익을 올릴 수 있는가 올릴 수 없는가, 현금이 들어오는가 들어오지 않는가? 그것을 자세하게 분석하면 그 회사의 장래성이 꽤 명확해지기 때문이다.

예를 들어 그 회사의 '투자 현금흐름'을 보고 건전한 투자를 하고 있다고 판단하면, 그것이 지금 바로 '영업 현금흐름'으로 돌지 않아도, 곧 이익을 낳을 것이라고 해서 1년 정도는 손실이 나더라도 참고 견딜 수 있을지도 모른다. 반대로, 현재 '영업 현금흐름'이 이익일지라도, '투자 현금흐름'을 살펴보니 이상한 방향으로 투자를 하고 있다고 판단되면 빨리 자금을 회수하는 편이 좋다.

A사가 B사를 매수할 것이라는 소문이 가끔 나도는 경우가 있다. 그러한 경우, 손익계산서나 대차대조표만으로는 소문의 진상을 확인하기가 어렵지만, 현금흐름 계산서라면 기업을 매수할 만큼의 자금 여력이 있는지 없는지 일목요연하게 확인이 가능하다.

이와 같이 기업의 전체 상황을 판단할 수 있게 해주는 것이 현금흐름이다.

지금까지 국제회계기준을 둘러싼 큰 문제점인 '연결 회계기준', '시가회계 기준', '현금흐름 계산서'에 대하여 간단하게 설명해 보았는데, 감손회계를 제외하면 일본은 기본적으로 2001년 9월 30일 시점에서 국제회계기준에 맞출 수가 있었다. 상당한 피와 눈물을 수반하면서, 간신히 미국과 어깨를 나란히 할 정도까지 도달한 것이다.

꽤 무리를 거듭하면서도 도입하지 않을 수 없었던 것이 정직한 감상일지도 모르지만, 어쨌든 앞으로도 국제회계기준으로 옮겨놓을 수 있는 단계가 실행된다면, 보다 신뢰할 수 있는 재무제표가 공포될 것이다.

사외이사와 집행임원 제도

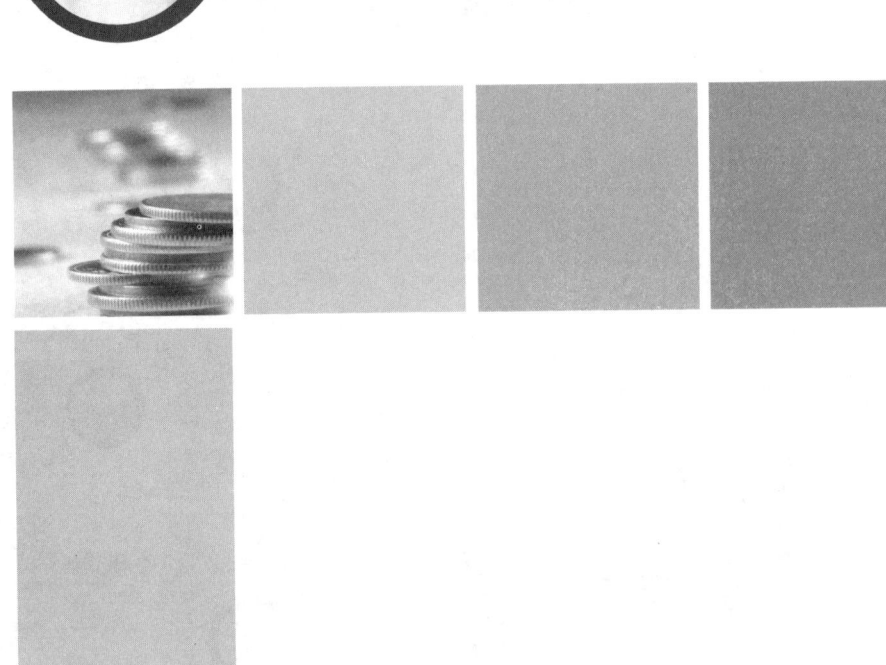

Chief Financial Officer

바뀌는 이사회

일본의 기업들 가운데 지금까지 이사회가 정상적으로 운영되지 않는 곳이 적지 않았다. 여러 가지 이유가 있겠지만, 대부분이 사내이사(社內理事)로 구성되어 있다는 것이 가장 큰 문제점일 것이다.

일본 기업에서의 이사란 '샐러리맨으로 출발하여 출세가도'로 올라온 자리이다. 오랜 세월, 회사에 공헌하면서 겨우 손에 넣은 지위, 그것이 이사이다. 그 때문에 아무래도 보신(保身)으로 치닫기 쉬워서, 기업의 이익에 치중한 나머지 주주나 투자가 등을 도외시하거나 신규사업에 임하려는 도전 정신이 부족하다는 결점이 있었음은 부정할 수 없다. 그것이 일본 기업의 경쟁력을 저하시키는 한 가지 요인임은 말할 필요도 없을 것이다.

그것에 대해 미국의 경우는, 오피서(officer) 제도라는 것이 있다. CEO(Chief Erective Officer : 최고경영책임자), CFO(Chief Financial Officer : 최고재무책임자), COO(Chief Operating Officer : 최고집행책임자), 거기에 마케팅이나 사업부문을 담당하는 상급 바이스 프레지던트(vice president) 등이 각각 오피서로서의 역할을 명확하게 하여 주주에 대해서 책임을 진다는 시스템을 갖추고 있다.

미국에서는 각 주(州)가 정하는 회사법에 의해 프레지던트, 트레주러[treasurer : 회계계(會計系)] 및 비서를 대표적인 오피서로 삼고 있었는데, 1970년대의 사외이사제도 도입 무렵부터 앞에서 나열한 오피서가 경영집행에 임하게 되었다. 이것을 본떠 일본에서도 사외이사제도나 집행임원제도를 도입하려는 기운이 최근 몇 년 사이에 고조되고 있어 집행임원제도에 관해서는 이미 도입한 기업도 많다. 하지만 경영을 바꾸기 위해 집행임원제도를 잘 활용하고 있는지 어떤지는 매우 회의적이다. 통상적으로 간부사원을 줄이기 위해 집행임원제도라는 명칭만을 도입한 것이 아닌가 하고 생각하지 않을 수 없는 기업이 적지 않다.

물론 사외이사제도의 도입에 진지하게 임하는 기업도 있다. 기업의 가치를 올리기 위해서 어떤 기업지배로 해나갈지를 진지하게 회의하는 기업도 극소수이지만 있기는 하다. 그 때 논의의 중심이 되는 내용은 각자의 역할분담이다.

사외이사제도 도입의 장벽

기업의 역할분담의 경우, 일반적으로 '소유', '경영감독', '경영집행'의 세 가지로 분류된다. 그런데 일본에서는 이 역할분담이 지금까지 매우 애매했다. 미공개의 오너 기업에서는 역할분담도 명확하지 않은 채 대표 혼자서 세 가지 역할을 해내어, 공개기업이라고 해도 크게 다를 것이 없다면 지나칠지도 모르지만, 역할분담이 명확하지 않았던 것이 사실이다. 물론 '소유'에 관해서는 주주임은 뚜렷하다. 문제는 '경영감독'과 '경영집행'이다. 이 두 가지 역할이 종래, 분명히 분담되지 않았다. 종업원이나 주거래 은행에는 책임을 져도 주주나 거래처, 고객 등의 이해관계자에게는 얼굴을 향하지 않는다는, 이른바 주주 경시의 경영이 되어 온 한 가지 요인이 여기에 있다.

그러면 어떻게 하면 경영감독과 경영집행을 분리할 수 있을까? 거기에는 사외이사제도의 도입이 불가피하다. 왜냐하면 샐러리맨 출신의 중역만으로 이사회를 구성하면 지금까지와 별 다르지 않기 때문이다. 그래서 지금 그 사외이사제도의 도입을 둘러싸고 일본에서도 여러 가지로 논의되고 있지만, 이것을 본격적으로 도입하려면 몇 가지 넘어야 할 벽이 있다.

첫째, 자발적으로 사외이사가 되려고 하는 사람이 있느냐의 문제이다. 그 이유도, 사외이사에게도 주주에 대한 경영책임이 있어 기업가치가 손상되어 주가가 하락하거나 도산의 위기에 몰렸을 경우, 주주의 이익이 없어졌다고 하여 주주대표 소송이 제기될 가능성도 없다고는 말할 수 없기 때문이다.

이 주주대표 소송, 미국에서는 각 주의 회사법과 함께 증권거래법 위반의 소추(訴追)가 더해져, 한 건당 고액에 이르는 경우도 많아 1인당 배상 청구액의 평균은 약 3억 엔 가까이 된다는 통계가 있다. 거기에 대한 사외이사의 보수는 미국에서도 그다지 높지는 않고 300만 ~ 500만 엔, 많아도 겨우 700만 엔 정도이다. 사외이사의 책임추궁은 감독의무위반으로 한정된다고 해도, 이것으로는 거리낌없이 받아들일 수 없다는 것이 실정이다.

다만 일본에서는 주주대표 소송에 있어서 이사의 배상책임을,

일정액을 넘는 부분에 대해서는 경감할 수가 있다는 상법개정이 2001년 12월에 성립하여 2002년 4월부터 시행되었다. 이사에 대한 지나친 책임추궁으로부터 오는 위축된 경영판단과, 반대로 경감했을 경우의 도덕적 해이(moral hazard)의 두가지 측면에서 검토한 결과, 경감하는 것이 타당하다는 결론에 이르렀지만 이것이 앞으로 기업경영 및 사외이사제도에 어떠한 영향을 미칠지는 주목할 만하다.

둘째, 사외이사로서 적절한 사람이 있는가라는 문제이다. 이것은 첫 번째의 문제와 관련이 있는데, 사외이사는 단순한 장식이 아니라 경영을 감독한다는 중책을 짊어지는 지위이므로 그 책임을 완수하려면 경영내용에 정통해야만 하며, 거기에는 상당한 경험과 지식이 뒷받침되어야 한다. 과연 그만한 능력을 갖춘 사람이 일본에 얼마나 있는지 의문이 남는다.

물론 있기는 할 것이다. 그러나 공개기업의 대부분이 사외이사제도를 도입할 경우, 인재가 부족해지는 것은 분명한 일이다. 사외이사가 명목상의 지위라면, 다소 능력이 뒤떨어져도 감당해낼 것이다. 그러나 사외이사가 중책의 지위임을 생각하면, 이에 알맞은 인재가 있는가 없는가가 첫 번째 문제보다 더 심각한 내용을 포함한 테마라고 할 수 있다.

세 번째 문제로서, 사외이사제도를 도입해도 기대대로 기능하지 않는 것이 아닌가, 혹은 기업의 활력이 떨어지는 것이 아닌가 하는 염려가 있다.

사외이사제도 아래에서의 이사회는 경영집행의 장(長)인 CEO 이하, 회사측의 임원과 주주의 이익을 대변하면서 경영을 감독하는 사외이사로 구성된다. 이 경우 CEO는 경영집행에 임하는 임원 이하 스태프 전원의 인사권 및 명령권을 장악하지만, 자기 자신의 인사권은 사외이사의 손에 있다. 즉 사외이사로부터 '능력 없음'의 낙인이 찍히면 즉석에서 해고를 당하는 것이 CEO이기도 하다. 그래서 CEO는 사외이사의 의견을 존중하지 않을 수 없게 되고 자연히 기업활동을 직접적으로 담당하는 집행부의 의견이 경영에 반영되기 어려워지는 부분으로 인하여 결과적으로 기업의 활력을 잃게 되는 것이 아닌가라는 일부 지적이 있다. 그러나 염려되는 것은 오히려 그 반대의 의미로서, 사외이사제도가 제 기능을 하지 않는 경우가 아닐까?

확실하게 인사권이 장악되어 있다면, 사외이사의 의견에 귀를 기울이지 않을 수 없을 것이다. 또 그 때문에 경영집행에 임하는 임원 이하, 스태프의 근로의욕이 저하될 경우도 있을지 모른다. 그러나 이미 사외이사제도를 채용한 일본 기업의 경우는, 오히려 사외이사가 적게 발언을 하는 경우가 많다고 한다. 이것은 두 번째의 문제와 관계 있는 것인데, 경영에 정통하지 못한 사람이 사외중역으로 취임함으로써 생기는 문제이다.

일본에 사외이사제도가 정착하기까지는 그만한 시행착오와 어느 정도의 세월이 필요하지 않을까?

기업지배

지금까지 서술해 온 것처럼, 일본 기업의 경영구조가 지금 크게 바뀌려 하고 있지만, 그 배경에는 일본만의 기업관, 이른바 기업지배에 대한 사고방식의 변화가 있다.

일본에서는 '기업통치'라고 번역되는 기업지배란 '기업을 누가 다스리는가'를 의미하는 말이다. 이에 관해서 미국에서는, 기업지배는 주주이익을 중심으로 한 틀 속에서 생각되기 쉽다. 일반적으로 미국에서는 기업이란 투자가가 투자한 자금을 효율적으로 늘리기 위한 하나의 도구라는 개념의 기업관이 뿌리내리고 있기 때문이다. 따라서 투자가를 위해서 많은 이익을 내는 기업일수록 가치가 있고, 반대로 이익을 내지 못하는 기업은 가치가 없으므로 매각당해도 당연한 일로 받아들여진다. 그 생각은 경영자에 대해서도 똑같은 이론이 적용되는데, 주주를 위해서 이익을 창출하는 경영자는 높게 평가되는 반면, 이익을 창출하는 능력이 없다고 간주되는 경영자는 즉시 해고를 당하게 된다.

이에 대하여, 일본에서는 기업지배의 중심은 일반적으로 경영자라고 간주되고 있다. 그 경영자는 모든 종업원의 정점에 위치하는 상태로 어떤 의미로는 종업원이 기업지배의 중심이라고도 할 수 있을 것이다. 그 일본적 기업지배의 배경에는 일본인 특유의 기업관이 있다.

일본인에게 있어 기업이란 단순히 이익을 창출하는 도구가 아니라, 기업에서 일하는 종업원의 운명공동체였다. 그 운명공동체의 장(長)인 경영자의 사명은 이익을 창출하는 것은 물론 그것보다 오히려 얼마나 기업을 존속, 발전시키는가에 중점을 두어 왔다. 무엇보다도 기업이란 종업원과 그 가족의 인생을 책임지는 곳으로 계속 존속시키는 것이 가장 큰 명제이며, 비록 일시적으로 이익을 내지 않게 되었다고 해도 곧 바로 매각한다는 발상이 생길 여지는 없다. 일본 경제를 지지해 온 주식의 상호보유제도나 주거래 은행 제도도 모든 것은 운명공동체적인 발상에 그 근원이 있다고 할 수 있다.

그와 같은 일본 특유의 기업관도 현 시점에서 초를 다투는 글로벌화에의 대응과 외국인 주주 증대에 의해 변모하지 않을 수 없는 것은 앞에서 서술했던 대로이다. 그러한 시대의 변화에 대응하기 위해서 일본 기업은 어떤 길을 선택하면 좋을까? 이에 관해서 너무 기업경영에 왜곡이 생긴 현재, 미국형 기업지배를 그대로 모방하는 것이 가장 손쉽다고 생각하는 경영자도 있다. 분명히 그럴지도 모른다. 하지만 일본의 기업풍토나 일본인의 심성(mentality)를 생각하면, 주주의 이익을 위한 도구로서 기업이 있고 경영자나 종업원이 존재한다고 하는 사고방식에는 적지 않은 무리가 있는 것이 아닐까?

거기는 역시 미국형으로 향하기 전에, 일본과 유럽 및 미국의 기업관의 차이에 대하여 쌍방의 메리트·디메리트를 감안하면서, 일본인에게 적합한 기업지배를 창조해 가는 것이 필요하지 않을까?

실은, 그 역할의 일부분을 담당하는 것이 CFO이다. CEO의 비즈니스 파트너로서 자사의 기업지배를 어떻게 하는가? 이것을 생각하는 것도 CFO의 중요한 역할 중의 하나이다.

그러면 원래 CFO라는 포지션은 일련의 경영 시스템의 변천 속에서 어떻게 해서 탄생된 것일까? CFO 탄생으로부터 오늘날까지의 역사에 대하여 알아 보자.

CFO의 탄생

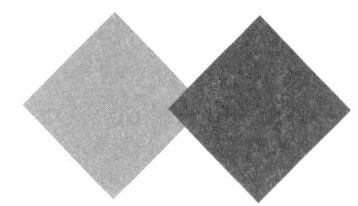

Chief
Financial
Officer

1970년대에 탄생한 CFO

CFO라는 명칭이 미국에서 사용되기 시작한 것은 1970년대로 추측되고 있다. 이것에 대해서는 미국의 비즈니스맨에게 물어봐도 확실한 바는 잘 알지 못하고, 어디까지나 추정의 범위를 벗어나지 않는다. 그 이유는 CFO의 탄생과 함께 미국 기업의 경영구조가 극적인 변모를 이룬 것이 아니라, 점차 그 모습을 바꾸어 갔다는 점이다.

CFO가 탄생하기 이전의 미국 기업에서는 일본의 경리부장에 해당하는 컨트롤러나 재무부장에 해당하는 트레주러가 경리, 재무를 담당하고 있었다.

컨트롤러란 기본적으로 사내를 통제하거나 규칙을 철저하게 지키게 하거나, 재무제표를 작성하는 것을 주된 업무로 하는 스태프적인 직무이다. 거기에 대해 트레주러란 자금조달이나 자금운용, 또 매일의 현금경영(캐시 매니지먼트) 등을 주된 업무로 하고 있었다. 금융기관과 얼마나 우호적인 관계를 유지하느냐 하는 것이 가장 큰 업무로서, 만약에 금융기관과의 관계가 나빠지면 그것은 트레주러의 책임이라고 여겨졌다. 예를 들어 공장을 새로 세우기로 임원회의에서 결정하면 자금을 확보하러 은행에 가는 업무담당이 트레주러였다.

컨트롤러도, 트레주러도 경영전략과 관계되는 의사결정에는 그다지 관여할 필요는 없고, 그 시점에서 비즈니스 마인드를 특별히 갖추고 있지 않아도 어느 정도는 감당해내는 포지션이고, 사실 그대로 말하면 '장부를 지키는 사람', 혹은 '회사의 금고담당'이라는 직위였다.

그런데 기업도 국가와 마찬가지로 전략이나 전술을 구사하여 기업가치를 올리는 것이 경영자의 최대 중요 과제다라는 생각이 퍼짐에 따라 종래의 컨트롤러나 트레주러로는 그 임무를 맡을 수 없다. 지금부터는 경리, 재무의 지식을 가지면서, 동시에 경영자의 비즈니스 파트너적인 역할, 앞에서 서술한 공장건설의 이야기로 비유하면, 단순히 자금충당을 위해 은행과 절충하는 것만이 아니라, 공장 건설에 투자를 하는 것이 옳은가 그른가를 판단할 수 있는 경리, 재무담당의 인재가 필요하다는 식으로 비즈니스 사회의 분위기가 바뀌어 왔다. 그러한 시대의 변화를 반영하는 형태로 CFO라는 새로운 포지션이 탄생하게 되는데, 그것이 아마도 1970년대일 것이라고 추측되는 것은 앞에서 서술한 대로이다.

그리고 20년, 30년이라는 긴 세월 속에서 시행착오를 거듭하면서, 현재와 같은 CFO의 역할과 책임이 점차 자리잡게 되었다.

일본의 CFO

미국에서 탄생한 CFO가 일본에서도 주목받게 된 것은 불과 2, 3년 전의 일이다. 일본에서의 CFO의 탄생이라는 점으로 말하면, 아직도 출발선상에 있다고 해도 좋다.

그럼 왜 일본에서도 CFO를 도입할 수밖에 없었을까? 그것은 앞에서 서술했던 대로, 일본식 경영이 완전히 막혀 버렸기 때문이다.

그 결과, 경제환경, 산업환경, 사회환경 등 모든 것이 바뀌어 버렸지만, 그 중에서도 은행이 바뀐 것이 일본 경제에 가장 큰 타격을 주고 있는 점은 아는 대로이다.

홋카이도 타쿠쇼쿠(拓殖) 은행, 일본 장기신용은행, 일본 채권신용은행이라는 대규모 은행의 잇따른 파산에 상징되듯이, 일본 은행의 세력 감소는 너무 눈에 띄는 일이 되어 기업에게 있어서 은행은 이미 의지할 수 있는 존재는 아니다. 즉 종래의 간접금융으로부터 직접금융에 의지하지 않을 수 없는 상황을 맞이한 것이다.

그 직접금융을 하려고 하면 기업의 가치를 올려 가야만 한다. 기업가치가 오르지 않는다면 사채를 발행한다고 해도, 새로운 주식을 발행한다고 해도 예정대로 자금이 모이지 않기 때문이다.

이와 같이 경영환경이 격변하고 있는 상황에서도 경리나 재무담당자가 지금까지와 같이 장부관리, 세금계산서 발행, 경영자가 필요로 하는 서류 보조 등의 단순한 역할에 일관한다면, 기업 간의 경쟁에서 싸워 이길 수가 없다. 경쟁에 이겨 기업을 보다 발전시키기 위해서는 경리, 재무에 관한 지식을 몸에 익힘과 동시에 기업 전체를 바라보면서 경영자의 비즈니스 파트너적인 역할을 해낼 수 있는 인재, 즉 CFO의 필요성이 불가결해진 것이다.

지금까지의 경리, 재무담당자는 자신의 일에만 전념하였고, 기업전략 등에 관여하는 일은 좀처럼 없었다. 즉 자신의 의견을 말하지 않는 것이 경리, 재무담당자의 특징인 동시에 결점이며, 많은 기업이 버블(거품 경제)에 농락 당한 요인이 되었던 것은 앞에서 서술한 대로인데, 의사결정에 관여하는 CFO가 똑같이 침묵을 지키고 있다면 기대한 만큼의 역할을 완수할 수 없다. 좀더 적극적으로 의견을 말하지 않으면 안 되고, 경영 방침에 오류가 있다고 생각되면 분명히 지적해야 한다. 필요하다면 CEO에 대해 자신의 의견을 주장하지 않으면 안 되고, CEO가 재테크에 치달으려고 하면 단호히 제지해야 한다. 그 만큼 발언해도 허용되는 것이 CFO라는 위치이다.

그러면 그 만큼의 역할을 해낼 수 있는 인재가 일본에 있는가 하면, 솔직히 꽤 걱정이 된다.

예를 들어 대학의 경영학과나 경제학과에서는 회계나 부기 등에 주력하여 가르치고 있지만, 그것을 가르치는 부기의 권위자가 기업에 들어오면 회계를 할 수 있는가 어떤가는 한마디로 말할 수는 없지만, CFO의 역할을 무리 없이 해낼 수 있을 만큼 간단하지 않다. 실무교육을 받지 않았으니까 당연하다고 하면 당연하지만, 그렇다고 해서 인재부족은 간과할 수 있는 문제는 아니다. 대학과 산업계가 인적 교류를 꾀하는 등 대책을 마련하여 시대의 요구에 부응하는 인재교육에 나서야 할 것이다.

다만 전혀 희망이 없는 것은 아니다. 예를 들어 최근에 교육 현상에 위기감을 느낀 일부 대학이 교육개혁을 하고 있는데, 이것도 많이 기대해도 좋은 것이 아닐까? 국제회계 연구과를 갖는 전문대학원을 2002년에 개설한 츄오(中央) 대학을 비롯하여 기업경영에 혁신성을 가져오는 보다 실천적인 파이넌스의 역할에 관심을 가지기 시작한 대학이 적지 않다. 21세기형 교육개혁에 나선 이들 대학의 미래에 주목하고 싶다.

어떠한 기업이든, 앞으로는 CFO라는 포지션을 설치하지 않는 한, 살아 남기는 어려울 것이다. 그 의미에서 CFO의 육성이 시급하고 중대한 과제임은 틀림없다.

어쨌든 CFO의 도입은 일본 기업에 있어 최고로 시급한 과제이다. 그러한 의미에서 국제회계기준을 도입하여 기업지배가 검토되고 있는 지금이야말로, '나야말로' 라고 생각하는 사람은 뜻을 정하고 일어서야 할 것이다.

제2장

CFO의 역할

CFO의 7가지 일

Chief Financial Officer

CFO와 경리담당임원과의 차이

지금까지 일본 기업의 재무전략, 특히 기업금융 세계란 말할 나
위도 없이 담보주의이고, 또는 회계상에서 이익 유무의 척도에 근
거하여 거래 은행으로부터 돈을 빌려온다는 것이 기본이었다. 그
러나 새로운 시대에 필요한 것은 종래형의 담보주의나 회계지상주
의형(會計至上主義型)의 기업금융이 아니라 기업의 경제력, 즉 현

금흐름에 주목한 경영으로 전환하는 것이고, 이것이 경영혁신의 큰 요점이다. 그리고 그 경영혁신의 중심적인 역할을 담당하는 것이 CFO이다.

그러면 CFO가 완수해야 할 역할이란 구체적으로 어떠한 것인가? 그것을 생각함에 있어, 우선은 종래의 경리담당임원과의 차이를 분명히 해두고자 한다.

사실, 이 문제에 정확하게 답하기란 상당히 어려운 일이다. 상법상에서 CFO의 역할이 별도로 규정된 것이 아니기 때문인데, 다만 평소 학교에서 가르치는 것과 같은 감각으로 정리하여 말한다면, 경리 혹은 기업회계란 기본적으로 재무회계기준이라는 기준에 근거하여 평가·보고하는 과거의 사업활동의 기록이다. 또 재무라는 것 — 일본 기업에서는 경리가 재무기능을 겸하는 곳이 많아, 재무 담당이라고 할 경우에는 '회사의 금고담당'이라는 이미지가 있다 — 재무의 근간은, 장래의 사업계획을 자금 면에서 지탱하는 데에 있다라는 식으로 일반적으로 간주되고 있다. 물론 의사결정이나 그 실행에 관한 모든 활동을 지지하는 것은 과거의 실적이므로, 그 의미에서는 경리도 포함하고 있지만, 당연히 경리에 그치는 것은 아니다.

한편 CFO는, 이른바 앵글로아메리칸적(的)인 세계에서 말하면, 이사, 임원이라고 말하기보다는 오히려 집행임원에 해당된다. 경영의 모든 책임을 담당하는 최고책임자인 CEO에 대해서 사업보고를 행하는 역할을 담당하는 것이 CFO이고, 재무활동 전반을 관리하여 자본배분이나 투자의 의사결정에 있어 중요한 역할을 담당하는 존재라고 정의할 수 있을 것이다. 단적으로 말하면, 재무활동의 지배인이요, 관리자가 CFO이다.

재무활동의 지배인으로서의 CFO

그러면 그 재무활동의 지배인으로서의 CFO의 일에는 도대체 어떤 것이 있는가? 생각나는 대로 든다면, 대개 다음과 같다.

① 개별사업의 비즈니스 모델을 파악

② 투자액과 기대수익과 사업리스크에 대한 적절한 재검토(투자예산의 확정) …… 사업간의 자금배분(선택과 집중)

③ 사업 포트폴리오(portfolio)의 구축

④ 최적의 자본구성에 대하여 기업전략·사업계획과 불가분의 통일적 사고방식(재무전략)의 구축

⑤ 자금조달과 그 코스트에 대한 파악

⑥ 현금 매니지먼트

⑦ 투자가(주주·사채권자)에의 발신·설명 역할

물론, 비즈니스 현장에 서면 이것 외에도 완수하지 않으면 안 되는 역할도 있겠지만, 주된 일로서는 이 7가지를 이해해 두면 충분하지 않을까 한다. 다만 여기서 확실하게 해두고 싶은 것은 이들 CFO의 일은 모두 기업가치의 지속적인 성장을 향한 것이며, 기업가치를 높일 수 없으면 이들 일에 아무리 정통해도 CFO로서의 역할을 완수하고 있다고는 말할 수 없을 것이다.

그러면, 첫 번째 비즈니스 모델을 파악하는 일인데, 요컨대 자신의 기업은 어떤 고객에게 무엇을 제공하고 있는가에 대하여 체계적으로 이해하고 있는가라는 점이다.

그 비즈니스 모델의 파악에 근거하여 두 번째 역할, 즉 앞으로의 사업전망 속에서 얼마나 투자를 하고 얼마 만큼의 수익을 기대하고 있는가, 또 그 경우 사업 리스크에 어떤 것이 있는가에 대하여 적절한 전망을 가질 것도 CFO에게 있어 중요한 일이다. 특히 투자예산을 확정할 때 가장 중요한 점은 재차 지적할 필요도 없다.

여러 개의 사업을 행하는 기업일 경우, 당연히 사업간의 자금배분, 즉 어느 사업을 선택하거나 집중을 할까, 혹은 정리할까를 생각하는 것이 중요하다. 그 결과로서 사업 포트폴리오가 생기는 것인데, 어떤 사업 포트폴리오를 5년 후, 10년 후에 목표로 하고 싶은가에 대한, 지금 일본 기업에서 말하면 기획에 속하는 것과 같은 일도 중요한 부분이 될 것이다.

또, 최적의 자본구성에 대하여 사업전략과 불가분의 사고방식을 구축하는 것, 이것이 매우 중요한 부분이다. 지금 현재, 이른바 경리·재무부문의 라인에서 주식 부분을 담당하지 않는 회사는 적지 않다. 요컨대 밸런스시트의 오른쪽, 이른바 자본구성에 대해서는 차입금의 부분과 자기자본·주주자본의 부분으로 담당이 나뉘어진 기업이 많은데, 자본구성을 생각할 때는 본래 이와 같이 나뉘어진 형태로 자본조달을 생각할 수는 없다. 어떤 형태로 단기자금, 장기자금, 혹은 주주자본인 자기자본을 쌓아가는가, 이것이 매우 중요한 재무전략의 요점이 되며, 당연히 그 앞에는 자금조달을 어떻게 가는가, 경우에 따라서는 반제(返濟)하는 것도 포함하여 생각해 갈 필요가 있다. 그 과정에서 현금 매니지먼트가 매우 중요한 열쇠가 되는 것도, 이것 또한 지적할 필요도 없는 일이다.

그러면 이러한 일을 통해서 무엇을 목표로 하는가 하면, 앞에서 서술한 것처럼 기업가치를 지속적으로 성장시키는 것, 이 점에 집약될 것이다. 다만, 기업가치란 반드시 이익만을 가리키는 것은 아니다. 이익만은 아니지만, 그러나 CFO 역할의 가장 근간에는 재무적인 데에서 나오는 기업가치를 어떻게 지속적으로 발전, 성장시키는가 하는 일이 있어, 그야말로 가장 큰 목표가 아닐까 하고 생각된다.

비즈니스 모델이란?

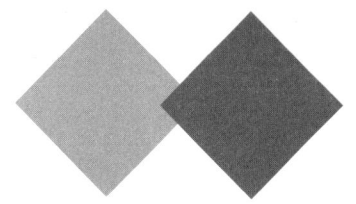

Chief
Financial
Officer

비즈니스 모델과 비즈니스 사이클

최근에 이르러 비즈니스 모델이라는 말이 갑자기 사용되기에 이르렀다. 사실, 불과 5, 6년 전의 일이지만, 이 말이 가장 먼저 사용된 지역은 분명히 미국 서해안이라 추측된다. 새로운 사업을 시작할 때나 그 사업의 내용을 설명할 때의 개념으로서 비즈니스 모델이라는 말이 사용되기 시작한 것으로 추정하고 있다.

그런데 비즈니스 모델이라는 말의 포괄적 의미는 무엇일까? 사람에 따라서 해석이 다르겠지만, 경영자뿐만 아니라 직원들도 공유하는 기업운영의 기본방침, 이른바 기업전략을 단순한 이념으로서가 아니라 재무적 지표를 가지고 나타낸 것이라고 이해하면 될 것이다.

단순히 숫자만의 플랜과도 다르다. 역시 이념이 없으면 안 된다. 어떤 고객을 대상으로 하여 어떤 상품이나 서비스를 제공하는가, 또 어떻게 제공하는가, 누구로부터 어떤 대가를, 어떤 조건으로 받는가……. 그런 비즈니스의 전체상을 하나의 모델로서 그려 간다는 것이 비즈니스 모델이라고 불리는 바이다.

하나의 사례로 신용카드 회사를 들 수 있다. 카드 회사가 서비스 제공을 하는 직접적인 상대는 카드 홀더(card holder), 즉 개개의 회원인데, 그 회원이 카드를 사용했을 때 그 대가는 카드를 취급하는 식당이라든지 백화점, 소매점에서 지급된다. 따라서 누구에게 서비스를 제공하는가 하는 것과 그 대가를 어떤 형태로 누구로부터 받는가, 이것은 반드시 일치하는 것이 아니므로 그 부분을 감안한 다음에 비즈니스 모델을 제대로 파악해야 한다.

또 당연한 일로서, 사업 그 자체에는 투자 사이클이 있다. 회수를 어떤 형태로, 어느 정도의 타이밍으로 할 수 있는가, 그런 사업을 영위해 가기 위해 가장 적합한 조직의 본연의 자세는 어떤가,

고용형태, 조직형태와 그 기능, 그리고 사업의 환경으로서 규제는 어떻게 되고 있는가, 경쟁상대는 누구인가, 경쟁의 결정적 수단, 성공의 요인은 도대체 무엇인가, 또 비즈니스 리스크로서 어떤 것을 각오하지 않으면 안 되는가, 그 리스크를 헤지(hedge)할 수 있는가, 할 수 없는가? 이에 한정되지는 않지만, 이러한 일을 제대로 이해하는 것이 CFO의 가장 중요한 일이라고 생각된다.

이들 내용을 도표로 나타낸 것이 다음 그림이다.

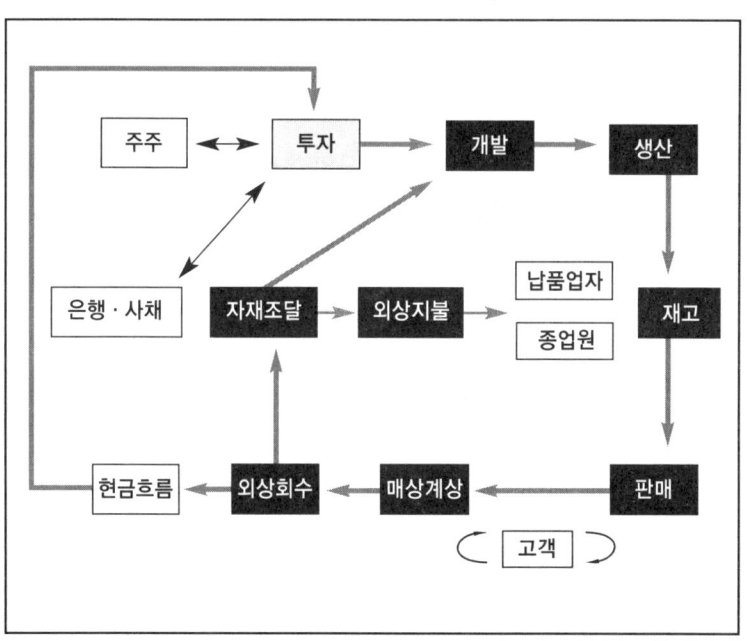

【비즈니스 사이클의 모식도】

이것은 이른바 회계상의 현금 사이클이라고 불리는 것으로 물건을 판매한다, 물건을 보낸다, 서비스를 제공한다, 실제로 돈이 되돌아온다, 그 돈을 밑천으로 삼고 또 상품을 만든다……라는 순환을 나타낸 것이다.

이 사이클에 관해서는 알고 있는 사람도 많을 텐데, CFO는 단순히 이해하고 있는 것만으로는 안 된다. 이 사이클을 숫자로써 표현할 수 있는 데까지 이해를 해야 한다. 그것이 거론되는 것이 CFO이고, 예를 들어 외상판매금의 회수에 몇 개월 걸리는가, 새로운 서비스나 새로운 상품을 만들어 내는데 어느 정도 시간이 걸리는가, 그것을 위해 필요한 비용은 얼마인가, 그 투자를 현금흐름으로서 회수할 수 있는 기간은 어느 정도인가 등 그와 같은 하나하나를 숫자로써 제대로 파악해 두는 것이 CFO에 있어 매우 중요한 일이라고 말할 수 있다.

라이프 사이클

비즈니스 모델을 올바르게 파악하려면, 라이프 사이클부터의 이해가 필요하다.

두말할 필요도 없이, 사업이나 상품에는 라이프 사이클이 있다.

그와 마찬가지로 기업에도 라이프 사이클이 있다. 창업기, 그리고 성장기를 거쳐 성숙기에 이르는 과정이 표준적인 라이프 사이클인데, 창업기의 사업은 불확실성이 매우 높은 만큼 사업개발 리스크가 크다. 그래서 이러한 때에 차입금만으로 자본을 조달하는 일은 매우 어려워 주식 중심, 자기자본 중심의 자금조달이 병행되지 않을 수 없다.

한편 고도성장 단계에 있는 기업에서는 레버리지 효과(leverage effect)가 크므로, 이런 때에는 오히려 차입금 중심의 재무를 해야 할 것이다.

한층 더 성숙기가 되면 성장성이 저하하여 새로운 자금투입의 필요성이 줄어든다. 그야말로 수확의 시기이다. 이 수확기에 현금흐름을 도대체 어떻게 사용해야 하는가? 신규사업에 투자할 것인가, 차입금을 반제(返濟)할 것인가, 배당을 할 것인가, 주주자본을 증강하기 위하여 내부 유보에 충당할 것인가 등의 라이프 사이클에 알맞은 재무전략이 필요해질 것이다.

예를 들어 1980년대, 일본을 대표하는 기업군인 철강회사의 대부분이 여러 가지 신규사업에 투자를 했다. 그런 사업의 다각화 그자체가 나쁘다고 할 수는 없고, 어떤 방법으로 새싹을 길러 가는가는 기업에 있어 매우 중요한 과제이다. 하지만 철강산업이 매우 호조를 띤 상황에서 현금흐름도 원활하고, 또 국내에서 생산 규모가

1억 톤에 이르러, 지금부터 미래는 그다지 용광로를 만들 필요가 없다는 1980년대에 돈의 사용법으로서 차입금을 갚아 두는 일도 할 수 있었던 것은 아닐까? 이제 와서 소 잃고 외양간 고치기이지만, 일본의 철강회사가 그 무렵 차입금을 우선적으로 변제한다는 전략을 취했더라면, 지금의 상황은 많이 달라졌을 것이다.

　그와 같이 하나의 상품, 한 기업의 라이프 사이클을 한눈에 파악하면서, 얼마나 재무적으로 지탱해 가는가? 이것은 CFO에게 있어 꽤 어려운 재무전략의 포인트라고 할 수 있을 것이다.

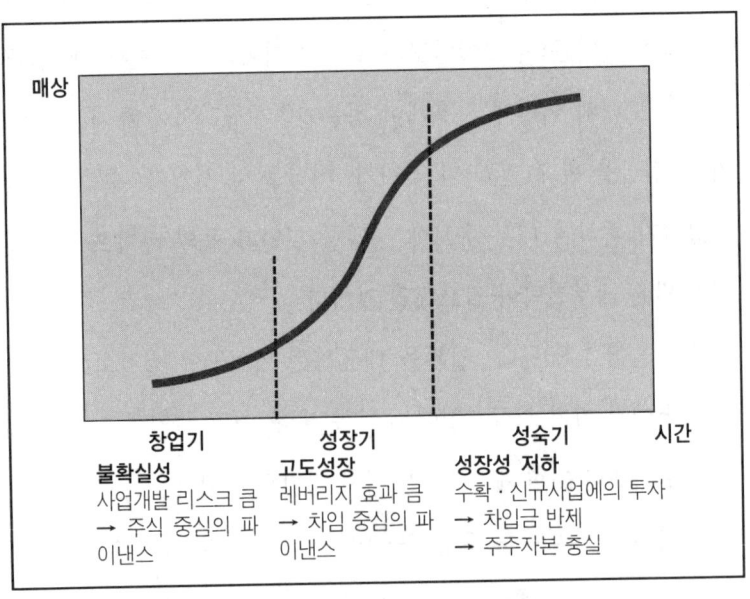

【기업의 라이프 사이클과 자금조달 방법】

사업 포트폴리오

또 하나의 비즈니스 모델의 관점은 사업 포트폴리오이다.

사업 포트폴리오를 이해하는 데에는 여러 가지 관점이 있는데, 예를 들어 '보스턴 컨설팅' 류(流)의, 이른바 성장성이라는 관점에 가세하여 시장점유율이 높다, 낮다, 혹은 성장성이 높다, 낮다라는 관점에서 사업내용을 분류하는 방법이 있다.

말할 필요도 없이, 시장점유율이 높고 성장성도 높다는 비즈니스는 스타이다. 기업 안의 확실한 주력사업이고 당연히 고수익을 기대할 수 있다.

한편, 시장점유율은 높지만 이미 성장성이 무디어져 성장이 한계에 이른 비즈니스는 성숙형 사업분야이며, 방금 전의 라이프 사이클로 말하면, 현금흐름이 남아 있어서 새로운 투자는 필요 없다, 이 현금흐름을 어떻게 할까 하는 그야말로 돈의 출처에 해당되는 셈이다.

또, 시장점유율은 낮지만 시장 자체는 크게 성장하고 있다는 성장분야에서 출발이 늦어진 경우인데, 이것은 물론 선행투자를 하지 않으면 안 된다. 따라서 여기서는 현금흐름은 마이너스가 된다.

그러면 어떤 분야의 사업에 어떻게 투자를 하는가? 할 수만 있다면, 캐논(Canon)의 미타라이(御手洗) 사장도 말하듯이, "자신이 필요로 하는 투자를, 자신이 만들어 내는 현금흐름 속에서 행하고 싶다"라는 부분이다. 이것을 할 수 있으면 새로운 외부조달, 차입금을 늘릴 필요가 없으므로 자신이 가지고 있는 사업 포트폴리오 속의 수평적인 역할분담, 재무적인 의미에서의 역할분담, 현금흐름의 소스(source), 그리고 유스(use)를 제대로 지켜보는 것이 중요하다.

물론, 그림의 오른쪽 아래 부분, 즉 성장성도 없고 시장점유율도 없는 사업은 기본적으로는 정리한다는 식으로 될 것이다. 이러한 적자부문은 언제까지 안고 있어도 현금수지는 전혀 개선되지 않기 때문에, 이 사업을 지속적으로 가지고 있을 여유는 없을 것이다.

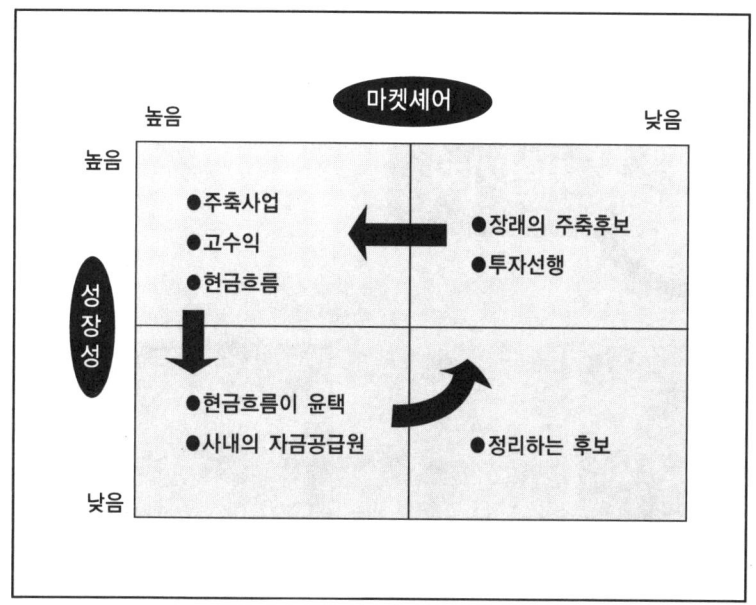

【사업 포트폴리오】

기업가치

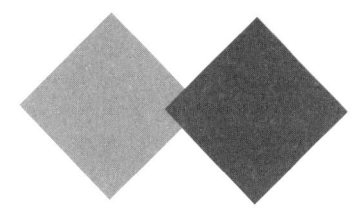

Chief
Financial
Officer

기업가치는 누가 측정하는가?

처음에 말한 것처럼 기업가치의 증대, 혹은 지속적 성장이 기업
경영이 목표로 해야 할 최종적인 목표이다. 물론 기업에는 경제활
동뿐만 아니라 사회적 활동과 역할이 있다. 그러므로 기업평가의
모두가 금전적으로만 표현되는 것은 아니지만, CFO에게 무엇보다
중요한 역할은 기업가치를 얼마나 증대시키는가 또는 높이는가라

는 데에 있다.

그러면 기업가치를 끊임없이 창조해 간다는 것은 어떤 일일까? 이에 대해서도 사람마다 견해가 다르겠지만, 우선은 자신의 자본 코스트를 웃도는 수익기회를 끊임없이 창출해 간다는 식으로 이해 해도 좋을 것이다.

회사에는 자기자본이 전혀 없는 셈이므로, 차입금은 물론 갚지 않으면 안 된다. '자기자본'이라고 자주 이야기되는 주주자본도, 회사의 경영자의 것은 아니다. 본래 주주에게 귀속하는 것이다. 따 라서 주주가 기대하는 수익성, 리턴, 이것이 자본 코스트 그 자체 이기 때문에, 주주가 기대하는 이상의 수익을 만들어 낼 수 있는 그러한 사업에 투자를 해간다는 행동이 필요하다.

그러나 한편 기업가치는 유감스럽게도 경영자가 스스로 측정할 수가 없다. 경영자가 측정할 수 있는 것은, 자기 스스로가 계획하 는 앞으로의 사업전망과 앞으로의 현금흐름뿐이다. 그러면 기업가 치는 누가 측정하는가? 그것은 시장의 투자가이다. 투자가가 그 기업이 얼마나 가치가 있는지 평가하는 것이다. 따라서 기업경영 자는 그 투자가에 대해서 자신의 사업전략을 설명한다. 즉 정보발 신을 하는 것이 필요해진다.

기업가치를 증대하기 위한 요소

그러면 투자가에게 강력한 인상을 줄 만큼의 기업가치는 어떻게 하면 창조할 수 있는가? 그 요점을 나타낸 것이 다음 그림이며, 그림과 같은 호순환을 만들어 내는 것이 기업가치를 지속적으로 성장시키기 위한 열쇠라고 생각해도 좋을 것이다.

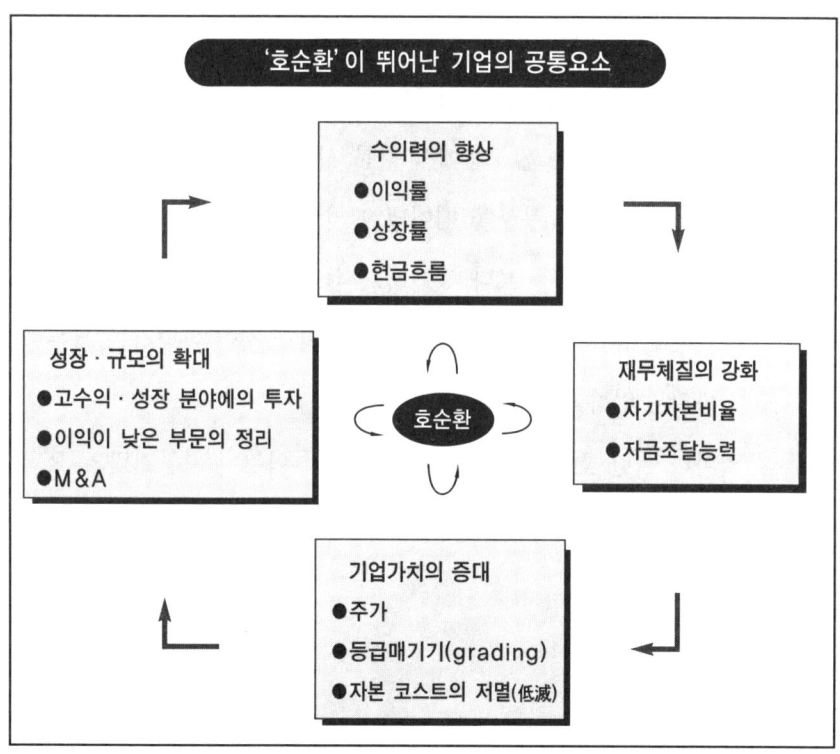

【기업가치 성장의 사이클】

우선 수익력을 향상시킨다. 이것은 필요불가결한 일이며, 이익을 개선하여 성장률을 높여 현금흐름을 제대로 관리하거나 현금의 용도를 생각하게 되면 저절로 재무구조도 좋아진다. 그 결과로서 기업가치가 증대하는 것이다.

다만 기업가치가 증대하는 데에서 멈춰 버린다면, 이 사이클이 순환하지 않는다. 기업가치가 증대한 것을 발판으로 삼고, 한층 더 새로운 성장, 새로운 규모의 확대를 목표로 한다는 것이 이윤추구라는 역할을 담당한 기업체로서는 중요한 부분이며, 규모를 확대할 수 있으면 다시 이것이 수익력의 향상과 결부된다.

예를 들어 M&A는 앞부분에서 다룬 사업 포트폴리오의 그림의 오른쪽 아래에 있던 부분을 떼어낼 때의 수단이 될 것이다. 또는 고수익 부문의 사업을 보다 강화하기 위한 수단이 될 수도 있다. 그러면서도 M&A 그 자체가 반드시 사업의 목적이 아니라는 것은 말할 나위도 없다.

'얼마나 이런 호순환을 만들어 내는가?' 이것이 재무전략의 요점이라고 말할 수 있다.

기업가치의 개념

　기업가치란 시장의 투자가가 평가하는 것임은 앞에서 서술했던 대로인데, 궁극적으로는 '앞으로 현금흐름을 얼마나 만들어 낼 수 있는가?' 라는 것이 열쇠이다.

　일반적인 회계상의 대차대조표는 다음 그림의 왼쪽처럼 되어 있다. 과거의 투자 누계액, 그리고 상각분은 물론 빼지만, 과거의 투자 누계액으로서 자산이 있다. 자산에서 부채를 빼면 주주자본이 나온다. 이것이 매일 우리가 보는 장부가격 베이스의 기업가치인데, 시장의 투자가가 보는 기업가치란 이것과는 다르다. 즉 지금까지 얼마나 사용했는가가 아니라, 그림의 오른쪽 '시장가치' 라고 쓴 밸런스시트의 '장래에 사업활동을 한 결과로 만들어지는 기업의 자산가치' 라고 적은 부분, 즉 지금부터 장래의 사업활동을 영위해 가는 가운데 만들어질 현금흐름의 현재 가치가 기업의 자산가치이다. 여기에 현금을 더한 것이 기업의 총자산 가치이고 반대로 유이자부채(有利子負債)를 뺀 것이 주식가치, 즉 시가총액이다. 이런 식으로 생각해 가면, 기업의 가치를 올린다는 것, 기업의 자산가치를 올리는 것은 과거에 얼마나 돈을 사용했는가가 아니라, 앞으로 얼마나 현금흐름을 낳는가에 있다고 할 수 있을 것이다.

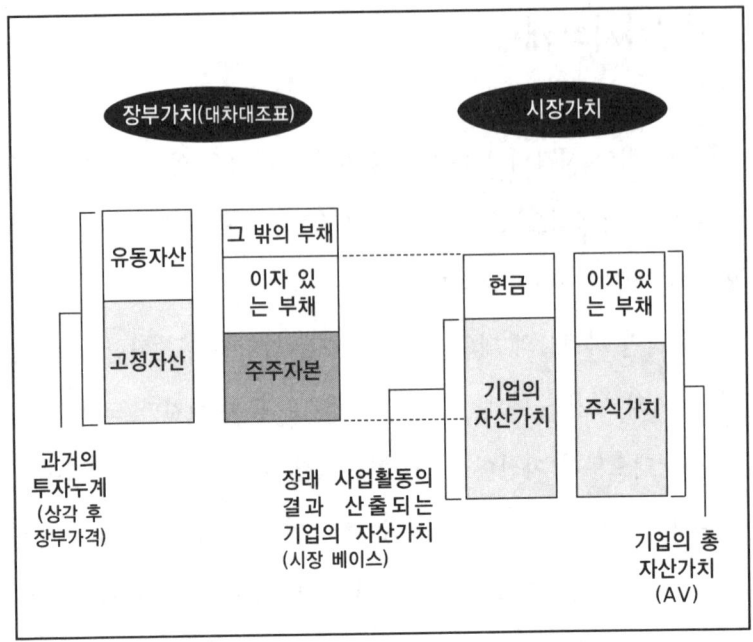

【기업가치의 개념 비교】

덧붙여서 그림 왼쪽의 '부가' 베이스의 밸런스시트를 만들기 위해서는 경리, 기업회계의 지식, 혹은 전문가의 조언이 필요해진다. 다만 경리활동이 거기서 그쳐서는 반드시 기업가치의 증대로 이어질지는 알 수 없다. 장래의 현금흐름의 현재 가치가 그 기업의 가치라고 한다면, 얼마나 이 장래의 현금흐름을 만들어 낼 수가 있는가라는 점을 투자가에게 이해시키지 않으면 안 된다.

기업경영상의 리스크 평가

기업가치를 측정할 때의 중요 요인으로서는 수익력 외에 리스크 평가가 있다.

리스크라고 해도 여러 가지 종류가 있으며, 그것을 총괄적으로 나타내면 다음과 같다.

① 사업 리스크

● 개발 리스크 : 성능, 기간, 코스트 등

● 영업 리스크 : 가격, 수량, 품질, 딜리버리 등

② 재무 리스크

● 자본구성

● 금리변동

③ 인적 리스크

● 경영자, 조합, 엔지니어 등

④ 외부요인에 의한 리스크

● 경제환경, 규제환경, 경쟁환경, 천재지변

우선은 사업 리스크인데, 여기에는 새로운 제품이나 서비스를 개발하기 위해 필요한 리스크도 있는가 하면, 만들어진 제품을 예정한 수량만큼 팔 수 있을까라는 영업 리스크도 있다.

그 다음이 CFO에 있어 가장 중요한 재무 리스크로 자본구성에 따르는 재무 리스크로부터 금리변동 등에 따르는 금융시장의 영향을 받는 리스크도 있다.

그 밖에 인적 리스크도 있는가 하면, 외적 요인에 의한 리스크 등, 리스크에는 여러 가지가 있다. 이러한 리스크를 인식하는 것이 매우 중요한데, 리스크에 대한 인식도라는 점에서는 일본의 기업은 상당히 늦어졌다고 말하지 않을 수 없다.

예를 들어 증자를 하든, IPO(주식공개)를 하든 주식을 사용한 자금조달을 할 경우에는 매출안내서를 만드는데, 이 매출안내서 한 장에도 일본과 미국에서는 천지 차이가 있다. 일본의 계획서는 기입하는 내용이 양식화되어 있어 거기에 맞추어 칸을 메워 가면 되지만 해외, 특히 미국에서의 프로스펙터스(prospectus), 즉 매출안내서에는 사업 리스크에 대하여 설명한 내용이 많이 있어 실제의 프로스펙터스를 보면 정말 놀랄 정도로 여러 가지 리스크가 나열되어 있다. 요컨대 미국의 매출안내서란 '이 기업의 주식에는 투자를 추천할 수 없습니다' 라는 이유가 열거되어 있다. 이런 리스크가 있기 때문에 이 회사는 위험하다는 것이 상세하게 쓰여 있다.

그것이 미국에서 전형적으로 사용되는 프로스펙터스이며, 일본의 기업에서 증자 혹은 신규주식공개 때의 매출안내서와 비교하면, 굉장히 큰 차이가 있다.

일본의 경우, 알고 있어도 쓰지 않는다는 것은 아니고, 우선 리스크 그 자체의 존재를 인식하지 않는 것인지도 모른다. 또는 리스크가 있는 것을 공개하면 투자가가 도망치는 것이 아닌가, 리스크가 있다고 하면 리스크가 현실이 되는 것이 아닌가라고 무서워하고 있는지도 모른다. 여러 가지 염려가 있겠지만, 어쨌든 일본 기업의 경우, 리스크에 대한 인식이 극히 낮다는 것만은 확실하다.

그러나 CFO까지 그래서는 안 된다. 자신의 회사는 어떤 리스크를 가진 채 달리고 있는지 인식하는 것이 첫 걸음이며, 다음으로 재무적으로 이것을 어떻게 평가하는가? 이것이 CFO의 중요한 역할 중의 하나이다.

자본 구성

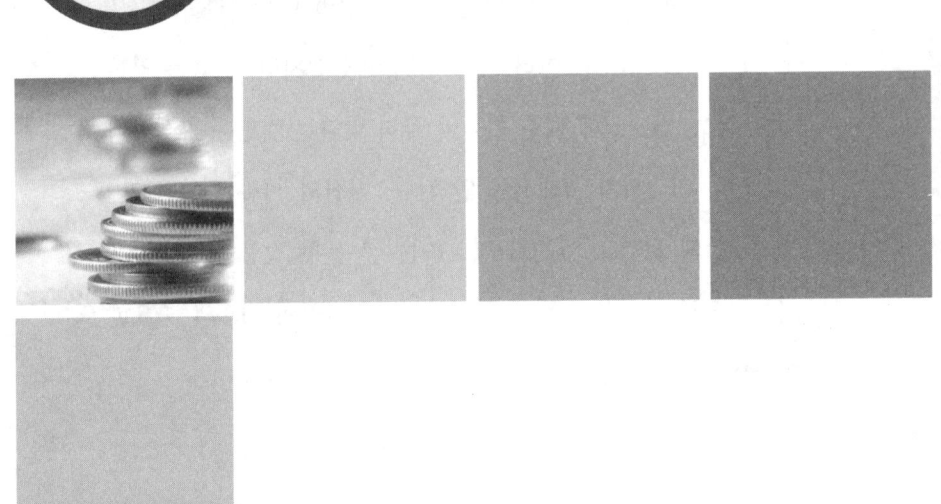

Chief
Financial
Officer

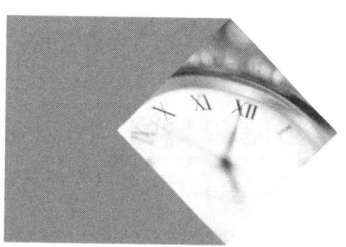

'FRICT'

이제 자본구성에 대해 설명하려고 하는데, 그 전에 여러분들이 'FRICT' 라는 것을 알고 있는지 궁금하다. 아마 알지 못하는 사람e 들이 대부분이라고 생각되는데, 'FRICT' 란 'Flexibility · Risk · Income · Control · Timing' 의 머리 글자를 딴 것이다.

플렉서빌러티란 재무의 유연성, 즉 차입여력이다. 차입여력을 단적으로 나타내는 것으로는 'AA', 'BBB'라는 식으로 표현되는 등급이 있다.

다음의 리스크는 조금 전에 서술한 리스크이다. 그리고 인컴은 사업의 채산성을 가리키는 말로, 장래 얼마나 이익이 오르는가라는 것으로 구체적으로는 회계상의 이익도 있을 것이고, 현금흐름도 있을 것이다.

그리고 컨트롤이란, 요컨대 지배력을 말한다. 이것은 통치에 관련되는 요소인데, 주주가 넓게 분산된 일부 상장회사의 경영진에게는 그다지 관계가 없을지도 모른다. 다만 개인 사업체나 자신의 몫이나 경영권의 지배력이라는 데에 매우 신경을 쓰는 기업, 경영자, 오너에게 있어서는 매우 중요한 부분이다.

또 사업에 필요한 자금을 최종적으로는 시장에서 조달하는 이상 금리동향, 주식시장동향 등의 타이밍이 무엇보다 중요하다는 것은 두말할 필요가 없다.

'FRICT'란 지금까지 나열한 5가지 요소의 균형을 얼마나 잘 유지하는가가 관건이며, 이것이 최적의 자본구성을 생각할 때의 요점이라고 간주되고 있다.

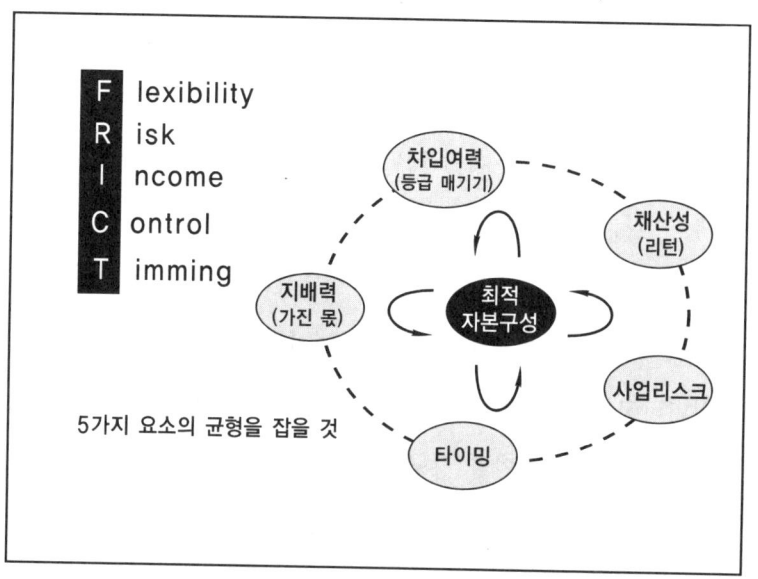

【자본구성의 적정화를 위한 5가지 요소】

최적의 자본구성

말할 필요도 없이 사업내용에 의해 최적의 자본구성은 바뀐다. 100% 자기자본이 좋다고 생각하는 경향이 있는 것 같지만, 그것은 잘못된 생각이다. 예를 들어 전력회사와 같이 매우 안정적이면서 규제된 요금을 가지고 영위하는 인프라형 사업에 있어서는 오히려 최적의 자본구성은 얼마나 차입금을 늘리는가 하는 데에 있는 것이라고 생각한다.

한편 벤처형의 기업, 지금부터 신규사업을 시작해 가는 기업에서 차입금을 늘린다는 것은 극히 위험한 재무구성이다.

미국에 "하이테크에 하이 레버리지 없다."라는 격언이 있다. 요컨대, '벤처성(性)이 높고, 사업 리스크가 높은 사업을 차입금으로 행하여서는 안 된다'라는 것을 가르치는 말인데, 일본에서 벤처를 진흥시키지 않으면 안 된다는 이야기가 나오면, 구시대적인 발상이라고 생각할 것이다. 지금의 경제산업성(經濟産業省)식의 새로운 감각에서 방안을 강구한다면, '좋다, 그러면 무엇인가 자금원조를 할 수 있는 구조를 만들어 주지 않으면 안 된다'라든지 '어디선가 대주(貸主)를 찾아내어 빌려 줄 수 있는 구조, 그렇지 않으면 국가의 돈이나 국가의 돈에 준하는 돈을 사용하여 빌려주자'라는 발상이 되기 쉽다. 벤처형 기업에 돈을 빌려주지 말라는 것은 이미 재무 교과서의 첫 페이지에 쓰여 있을 정도로 해서는 안 되는 일의 전형적인 사례인데, 지금까지도 일본에서는 자금조달이란 '차입이다'라는 인식이 지배적인 모양이므로 잘못된 인식은 고칠 필요가 있다.

그리고 일부 상장기업 등 조직이 커질수록 재무담당은 은행의 창구, 주식담당은 증권회사의 창구라는 식으로 역할이 각자 분담되어 있어, 서로 상대가 하는 일을 모르는 딜레마에 빠지는 경향이 있다. 그러한 의미로 지금의 일본의 기업에는 최적 자본구성을 보는 사람이 없다고 말할 수 있다. 이것을 가지고서는 기업재무의 원활하고 유효한 운영은 기대할 수 없다. 이런 면에서도 CFO가 등장할 명확한 명분 중에 한 가지가 있지 않을까?

정보의 발신

마지막으로 지금까지 서술한 바와 같이, 기업가치를 평가하는 것은 경영자가 아니다. 시장이다. 그 시장에 대해서 자사의 가치를 인식시키려면 시장을 향한 발신과 행동이 필요하고, 만약 그러한 행동을 취하지 않으면 시장의 투자가들에게는 인식되지 않는다. 투자가와 경영자 사이에는 정보의 비대칭성이 있기 때문이다. 기업 내에 있는 경영자 쪽이 기업 밖의 투자가보다 경영내용을 잘 이해하고 있을 것이다. 그 이해하는 내용, 정보를 시장에 전해주는 것도 CFO의 역할인데, 이 경우도 단순한 정보개시, '재무제표는 이러했습니다' 라고 법정의 디스클로저(disclosure : 기업이 경영내용을 공개 · 공시하는 것)만 하면 된다는 것은 아니라, 주식 스토리를 명확하게 전하는 것이 중요하다.

정보도 뿔뿔이 흩어진 데이터가 집적된 것만으로는 거의 도움이 되지 않고, 상대에게도 전해지지 않는다. 투자가에게 어필하여 투자가로부터 이해 받기 위해서는 스토리성, 즉 주식 스토리가 필요하다.

주식 스토리란 무엇인가?

1. 기업가치를 높이기 위해서, 앞에서 나타낸 것과 같은 '호순환'을 얼마나 만들어 내는가에 대한 경영자의 구체적 구상·계획이므로 단순한 꿈이나 개별 사업전략, 비즈니스 모델의 해설에 그치지 말고, '어떻게 하여 기업의 수익성을 향상시키고, 또한 성장성을 유지해 가는가'에 대하여 실현가능성이 있는 구체적인 지침과 행동계획이 제시되어 있어야 한다.

2. 개별 사업전략, 재무전략, 인사·채용 방침 등이 전체의 스토리와 정합성이 있는 형태로 정리되어 있어야 한다.

【투자가에게 발신 모델】

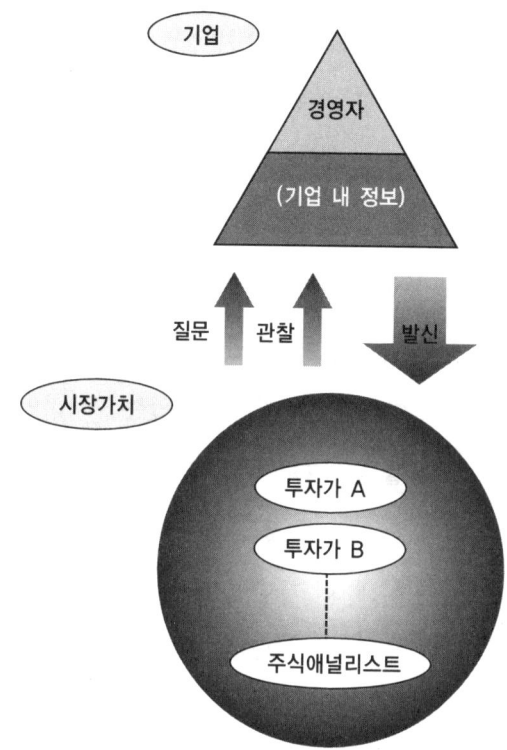

- 투자가에게 '발신' = 어필(IR)이 중요.
- 단순한 정보개시(disclosure)가 아니라 주식 스토리를 명확하게 전하는 것이 필요.
- '기업가치'는 투자가 입장에서 본 가치이며, 투자가가 기업의 장래상에 대해 충분히 이해할 수 있도록 하는 것이 정당한 기업가치 평가를 얻기 위한 첫걸음.
- 또 경영자의 '수탁자 책임'의 관점에서도 적극적인 발신이 바람직함.

더구나 투자가, 주식 애널리스트 등의 질문에 대해 경영자 스스로가 답할 자세가 중요하다. 예를 들어 이 회사는 어떤 경영이념에 근거하여 어떤 비즈니스를 구축하려고 하는지, 또 그 사업전개의 속도는 어떤가, 이 사업 믹스를 지금부터 어떻게 바꾸려 하고 있는가, 그리고 그것은 어째서인가, 혹은 그것을 어떤 식으로 실현시켜 가는가? 이것이 투자가들이 듣고 싶어 하는 말이며, CFO는 그 기대에 응할 수 있도록 풍부한 스토리성을 가지고 경영비전, 경영방침을 명확하게 말할 수 있어야만 한다. 또한 잊어서는 안 될 것은, 단순한 꿈 같은 이야기가 아니라 실현가능성이 있는 구체적인 지침으로서 말하는 것이다. 예를 들어 GE의 잭 웰치 회장은 "업계 1, 2위 이외의 사업은 가지지 않는다. 그 것을 위해 적극적으로 M&A를 활용한다."라고 말하고 있는데, 이 정도로 명확하게 또 실현가능성을 가지고 호소하면 투자가들에게 강하게 어필(appeal)될 것이다.

펀드매니저나 애널리스트에게 물으면 잘 알지만, 투자가도 방대한 정보의 산 앞에서 어찌할 바를 모르는 것이 실제 모습인 것 같다. 채무분석 전문가도 그런데, 일반 투자가라면 사정은 한층 더 심각할 것이다. 그러한 그들에게 어필하려면 단순히 정보를 한꺼번에 전달하거나, 단편적인 정보를 조금씩 주는 것이 아니라, 어디까지나 스토리를 이야기하는 식으로 제공하는 것이 중요하다.

또 일본에서는 그다지 이야기되고 있지 않지만, 수탁자 책임

(fiduciary duty)적인 감각에서 말해도 역시 주주의 돈을 맡아서 기업을 경영하고 있는 것이어서 적극적인 정보의 발신이 중요해진다. 특히 새로운 상법으로 상정되는 옵션으로서, 이른바 미국형의 이사회와 경영집행이 분명히 나누어진 구조를 취하는 기업이 있다면, 어떻게 해서 수탁자로서의 책임을 제대로 완수해 가는가…….

CFO의 역할이란, 이런 부분이 되어갈 것이라고 본다.

제3장
CFO의 실천적 마음가짐

CFO도 전략사고를 가지고 있는가?

Chief
Financial
Officer

'장부를 관리하는 사람'으로만 그치지 않는 경리, 재무담당자

제2장에서는 CFO의 역할에 대하여 교과서적인 관점에서 서술해 보았다. 그것을 근거로 하여 이 장에서는 비즈니스 현장에 있어서 보다 실천적인 CFO의 마음가짐에 대하여 알아보고자 한다.

경리, 재무라고 하면, 지금까지는 이론이나 분석, 또는 세무에 정통한, 이른바 재무의 프로라고 불리는 인재가 활약하는 장소였다. 그런 면에서만 볼 때, 그들이 재무관리의 주체였다고 말할 수 있지만, 그 역할은 어디까지나 백 라인 서포트(back line support)적인 것밖에 되지 않았다. 일반적으로 말하는 '장부를 관리하는 사람'으로서밖에 일해왔던 것이다. 하지만 세계가 네트워크로 이어져 고속경영이라고 할까, 경영의 스피드화가 요구되고 있는 지금, 예전과 같은 백 라인 서포트적인 역할만으로는 안 되는 것이 실정이다. 경리, 재무의 역할을 예전처럼 변함 없이 '장부를 지키는 사람'으로 자리매김하고 있으면 경쟁력을 잃어 결국 패배자로 몰리는 것은 당연하다.

일반적으로 그 기업이 얼마나 경쟁력을 가지고 있는가를 측정할 때 가격, 상품, 서비스 3가지가 척도가 된다. 미래에는 이 3가지 요소가 더 큰 비중을 차지할 것이 틀림없다. 즉 고객에게 매력이 있는 상품, 서비스를 얼마나 염가로 제공할 수 있는가? 그것이 승부를 결정짓는 중요한 요소가 될 것임은 분명하다. 물론 그 전에 제품 개발력이 거론되지만, 이러한 일련의 기업활동의 근간과 관련되는 지식과 정보를 CFO가 파악하고 있을 것, 바꿔 말하면 전략적 사고를 가지고 있을 것이 CFO에 요구되는 가장 중요한 역할이다. 왜냐하면 CFO는 CEO의 파트너이고, 이미 '장부를 관리하는 사람'으로만 끝나지 않기 때문이다.

전략사고를 가져라

전략이란 무엇인가? 이것을 한마디로 표현하면, '장기적 또한 포괄적인 시야에서 경쟁상대에 대하여 우위성을 확보하고, 그것을 계속 발전시키기 위한 계획, 준비, 운영방법이다' 라고 정의할 수 있다. 전술이란 무엇인가 하면, '전략을 구체화하는 행동영역' 이고, 그런 범위 내에서는 전술이란 기업활동 그 자체라고 말해도 지장은 없다. 따라서 기업이 어떠한 전술을 취하고 있는가는 그 기업의 움직임으로부터 읽어낼 수 있지만, 전략은 눈에 보이지 않는 영역이고, 핵심에는 비전이 없으면 안 된다. 즉 전략이란 자신의 회사를 어떠한 방향으로 이끌어가려는가 하는 비전에 근거한 계획이며 준비이고, 운영방법이다.

그런데 최근에 스피드 경영의 기치(旗幟) 아래, 비즈니스 모델을 조기에 구축하기 위해, 혹은 글로벌 시장에 빨리 침투하기 위해서 굳이 전략(strategy)을 공개하여, 경쟁상대의 추격을 밀쳐 내려고 하는 방식도 나오고 있어, 이것도 또 시대를 앞서 가는 한 가지 전략으로서 매우 흥미롭다.

다만, 아무리 훌륭한 전략을 드러내더라도 그것을 실제로 기능시키는 조직이 없으면 그림의 떡에 지나지 않고, 기업을 발전적으로 이끌기란 불가능에 가깝다. 그 조직이나 인재 등을 구체적으로

움직이고 있는 것이 전술이다. 따라서 때로는 전략과 전술이 중복되는 경우도 있지만, 어쨌든 앞으로의 시대에는 전략적 사고를 가지지 않는 한, 원활한 기업운영은 매우 어려워질 것이다.

그러면 전략에는 어떠한 것이 있느냐 하면 제품개발 전략, 상품전략, 가격 전략, 브랜드 전략, 인베스트먼트 전략 등이 주된 것이다.

이것과는 별도로 패러다임이 바뀔 때에는 비즈니스 모델 자체를 재고(再考)하여 새로운 비즈니스의 구축이 필요해진다. 이것도 잊어서는 안 될 중요한 전략의 하나인데, 적어도 이들 전략에 관해서

CFO도 제대로 전망을 할 필요가 있으며, 시기에 따라 이것들에 관한 의사결정 과정에 참가해야 한다.

　기업에는 생산, 판매, 관리 등 다양한 부문이 있어서 CFO, 혹은 CFO 본부조직에는 경영의 의사결정에 관련되는 중요한 정보가 대량으로 모여든다. 말하자면 CFO 및 CFO 본부조직은 정보의 보고인 셈이며, 그러한 의미에서도 CFO가 경영의 핵심적 역할을 담당하는 입장에 있다는 것은 분명하다.

　그런데 일본의 기업에서는 지금까지 경리, 재무담당자가 이런 장소에 참가하는 일은 극히 드물었다. 하지만 이렇게 단정짓기보다는 원래 그만큼의 전략적 시각을 가진 인재가 부족했다고 해야 할지도 모른다. 개중에는 전략사고에 근거하면서 적극적으로 경영에 참가하던 경리, 재무담당 임원도 있었겠지만, 그것은 어디까지나 소수, 혹은 예외적 존재에 지나지 않았다. 그러나 지금까지 여러 차례 지적해 온 것처럼 '장부를 관리하는 사람'이라고 칭해지는 지금까지의 경리, 재무역할 — 즉 회계처리 및 점검과 통제, 또 간접금융을 주체로 하는 자금조달에만 신경을 쓰고 있으면, 이미 기업 그 자체가 성립되지 않는 상황을 맞이하고 있어, 적어도 CFO를 자인하는 한, 거기서부터 한 걸음이든 두 걸음이든 앞서 나아가 보다 높은 비즈니스 마인드(business mind)에 근거한 전략적인 파이낸스 비전을 가지는 동시에 적극적으로 발언해야 한다. 이른바 비즈니스 파트너로서의 집행임원이나 경영간부와의 논의(토론)를 거듭하면서 기업을 성장시키고 주주가치를 올리는 중책을 짊어진 것이 CFO이다. 지금까지와 같은 '말하지 않는 경리, 재무'가 아니라, 적극적으로 말하는 CFO를 목표로 해야 할 것이다.

인베스트먼트 전략과 프로젝트 안

이상과 같은 전략적 사고가 CFO에게 요구되고 있는데, 특히 재무담당으로서의 CFO가 중요시해야 할 것이라고 하면, 그야말로 인베스트먼트(investment) 전략이라고 할 수 있을 것이다. 물론 그 전에, 이른바 자금조달 전략을 가다듬지 않으면 안 된다. 하지만 그것으로 끝나 버려서는 CFO라고 할 수 없고, 인베스트먼트 전략에 근거하여 프로젝트 안을 작성하는 것, 이것이 CFO에 부과된 가장 중요한 역할이다. 그 의미로 CFO는 기업 내 벤처 자본가라는 역할도 담당하고 있다고 말할 수 있을 것이다.

또 인베스트먼트 전략에는 M&A 등도 포함되어 있어 기업 내외를 불문하고 자금에 관한 모든 역할과 책임을 짊어진 것이 CFO이다. 물론 인베스트먼트 전략에 대해서는 기업의 우두머리, 즉 CEO의 역할이기도 하다. 하지만 앞에서 서술한 것처럼, 기업의 의사결정에 관한 중요한 정보가 CFO 본부에 모이는 것을 생각하면, CFO가 인베스트먼트 전략과 동떨어진 입장에 있는 것은 허용되지 않는다. 역시 모든 정보를 구사하면서 적극적으로 기업전략에 관련되어야만 본래의 CFO의 모습이라고 할 수 있을 것이다. 그것을 위해서는 정확한 정보처리능력이 필요한 것은 말할 나위도 없다.

종래형 경리, 재무관리자로부터 벗어나라

Chief Financial Officer

빈 카운터로부터 CFO로

앞에서와 이야기가 중복되는데, 전통적인 경리, 재무기능을 한
층 더 경영전략을 포함한 주주가치창조의 영역까지 높여 가는 것
이 CFO에 부과된 중요한 역할 중의 하나이다. 지금까지의 이른바
경리맨(man), 재무맨(man)의 상당수는 비즈니스 전략의 영역까지
들어가는 일이 거의 없었다. 비록 경영회의에 출석해도 스스로 나

서서 발언하는 일은 적었고, 프로젝트 팀을 짜서 '자, 함께 해보자!' 라는 식의 행동을 취하는 경우는 거의 없었다. 즉 경리, 재무의 프로이기는 했지만, 비즈니스의 프로는 아니었던 것이다.

이것은 단순히 일본 기업만의 문제는 아니고, 한때 미국 기업에도 이른바 '경리전문' 타입의 경리맨, 재무맨이 적지 않았다. 이것을 미국에서는 빈 카운터(bean counter : 콩을 한 알 한 알 셀 정도로 금액에 꼼꼼하다는 뜻), 파이낸셜 캅(경리 경찰관)이라고 부르고 있는데, 그러한 타입의 경리맨, 재무맨이어서는 CFO의 역할은 도저히 완수할 수 없다. 물론 경리, 재무라는 직무에 대해 빈 카운터적인 요소도 필요하기는 하다. 하지만 거기에 머물 것이 아니라, 기업 전체적인 시점에 서서 유효한 전략을 가다듬어 간다. CFO가 되려면 그러한 의식개혁이 우선 필요하다.

현상개시능력의 유무

CFO를 단순한 경리맨, 재무맨으로서는 감당해 낼 수 없는 이유에 대해서는 지금까지도 여러 차례 서술해 왔는데, 한 가지 이유를 더 든다면, 주주나 이해관계자 등 외부로부터의 요청의 변화라는 것이 있다.

지금까지 주주나 이해관계자에 대한 재무담당자의 책무는 재무제표를 작성하는 일 정도였다고 하면 어폐가 있을지도 모르지만, 재무제표만 작성하면 그것으로 끝나던 것이 관습이 아니었을까? 그런데 경영내용의 디스클로저, 즉 투명성이 떠들썩하게 이야기되는 요즈음, 재무제표를 작성하는 것만으로는 재무담당자로서의 책무를 완수할 수 없게 되어가고 있는 것이 현실이다. 즉 지금까지의 재무제표를 작성하는 역할에 더하여 경영의 현상을 설명하는 능력, 이른바 현상개시능력이 있는지 없는지, 그것이 엄격하게 거론되고 있다.

재무제표를 작성할 수 있으면 현상설명 등은 간단한 일이 아닌가 — 그런 식으로 생각하는 경향도 있을지 모른다. 그런데 실제로는, 이것이 뜻밖으로 어렵다. 경영내용을 설명하려면 자금의 흐름뿐만 아니라 경영 전반에 대해 제대로 파악해 두지 않으면 안 되기 때문이며, 현상개시는 CFO에게 있어 큰 부담이 되어 있다. 그렇다고 해서 현상개시책임으로부터 피할 수도 없다.

아는 바와 같이 미국에서는 지금, 4분기마다의 결산보고가 의무화되고 있다. 거기에 대해 일본에서는 모든 상장기업에 의무가 지워진 것은 아니다. 신흥시장 '마더즈'와 '나스닥 재팬' 및 일부 대기업이 선행하는 형태로 4분기마다 결산하여 인베스터에게 보고하는 정도이다. 최근에는 점두등록기업(店頭登錄企業)에도 임의로

4분기 개시가 요구되고 있다. 또 동경증권거래소는 모든 상장기업에 대해 4분기마다의 결산보고를 의무 부여할 방침을 공표(公表)했다.

그렇게 될 때, 주주를 납득시킬 만큼의 충분한 설명을 할 수 있는지 여부가 대두된다.

투자가의 신뢰를 얻을 수 있는가?

지금까지 거의 거론된 일이 없었던 현상개시가 갑자기 주목받기 시작한 배경에는, 앞에서 서술한 것처럼 주주로부터의 요구가 바뀌어 온 면도 있지만, 왜 주주의 요구가 바뀌어 왔는가? 그 밑바탕에는 주식시장의 글로벌화가 있다.

일본 기업의 주주구성은 지금까지 기업끼리의 상호보유가 다수를 차지하고 있었다. 그런 한도에서는, 결산보고를 주로 하는 정보개시에 관해서 일본만의 독자적인 방법으로 진행하고 있어도 허용되는 상태에 있었다. 그런데 금융시장의 글로벌화가 진행되어 외국인 투자가의 비율이 더욱 높아지고 있는 지금, 이미 일본식 방식으로는 납득할 수 없는 상황을 맞이하고 있다. 즉 세계는 4분기마다 결산을 발표하고 있는데, 왜 일본은 하지 않는가라고 제기되는 것이다.

미국의 기업에서는 3개월마다 결산을 마감하여 그 다음 달에는 결산을 발표한다. 그런데 일본의 경우 결산발표가 늦을 뿐만 아니라, 발표되는 수치가 반드시 현상에 입각하지 않은 경우가 적지 않다. 게다가 기(期)의 중간 무렵에 업적이 악화되는 일이 있어도 주주에의 보고가 늦어 발표될 때에는 이미 주가에 반영되어 있었다는 예가 눈에 띈다. 이것을 가지고 투자가의 신뢰를 얻을 수 있을지 매우 의심스럽다.

확실히, 4분기마다 결산을 발표하는 것보다도 1년에 1회 내지는 2회 발표하는 편이 CFO의 부담은 작다. 그러나 이른바 글로벌화, 스피드화 시대를 맞이한 지금, 그런 것을 가지고는 도저히 따라잡을 수가 없고, 얼마 안 있어 시장에서 도태되어 갈 것이다. 투자가가 안심하고 투자할 수 있도록 하려면 역시 적시에 정확하게 업적 내용을 발표하는 것이 가장 바람직하다.

마더즈 : 차세대를 짊어지는 높은 성장가능성을 가진 기업에게 직접금융에 의한 조기자금조달 방법을 확보하여, 기업의 비약을 촉진하는 시장으로서 일본 중앙 시장인 동경 증권거래소가 개설한 시장

요구되는 탈 루틴워크

그것을 위해서는 앞에서 서술한 것처럼 정보 수집과 수집한 정보를 정확하게 처리하는 방법을 규정화하여, 우선적으로 정보를 관리하는 것이 필요해진다. 즉 경리, 재무의 최고책임자로서 의식적으로 정보를 모아 이것을 경영에 활용해 간다는 방법으로 행하지 않으면 안 된다. 여기서도 또 루틴워크로서의 사무처리, 세무회계, 재무제표의 작성, 혹은 협상에 의한 은행으로부터의 자금조달이라고 하는 종래형의 경리, 재무의 역할을 뛰어넘는 역할을 해야 한다.

앞으로의 기업활동을 생각할 경우, 이른바 파이낸셜 활동이 경영의 중추에 포함되는 것은 틀림없다. 그것은 무엇을 위해서인가 하고 묻는다면, 기업가치 및 주주가치를 올리기 위해서이며, 그러한 역할이 경리, 재무 관련 스태프에게 요구되기에 이를 것이다. 물론 경리, 재무 관련 스태프의 정점에 서는 CFO가 앞장서지 않으면 안 되는 것은 말할 나위도 없다.

그런데 일본 기업의 현상을 보면 경리, 재무 관련 스태프뿐만 아니라 CFO라고 불리는 사람들의 시간사용법은 지금까지의 방법이 매우 많다. 아마도 80% 정도가 종래형의 업무에, 나머지 20%를 CFO로서의 시간, 즉 비즈니스 매니지먼트에 충당하고 있는 것이 아닐까? 이런 시간사용법으로는 CFO 본래의 역할을 완수할 수 있을 리가 없고, 앞으로는 어떻게 해서라도 이것을 역전시키고 싶은 바이다. 그렇게 말하면, 지금도 바쁜데 그런 시간적 여유는 없다고 반론하는 사람도 있을 것이다.

하지만 예를 들어 루틴워크를 아웃소싱(out sourcing)한다든지, 공통되는 일을 한 곳에 정리하는 셰어드 서비스(shared service : 집중관리 시스템)를 도입한다든지 해서 여유 시간을 만드는 방법은 얼마든지 있을 것이다.

어느 방법을 채용할 것인가는 각각의 경영내용이나 업무형태에 따라서 결정할 수밖에 없지만, 어쨌든 CFO는 가능한 한 루틴워크로부터 멀어져 경영에 참가할 수 있는 시간을 늘려 가지 않으면 안 되고, 그것을 위한 구조 만들기에 노력하지 않으면 안 된다. 다만 구조를 만들어도, 그 틀 속에서 일하는 것은 이른바 CFO 본부의 장으로서의 역할은 아니다. 비즈니스 마인드를 좀처럼 가지기 어려운 CFO 산하의 컨트롤러나 트레주러 등에게 경영 비전을 제시하는 것이야말로 CFO가 목표로 해야 할 일이며, CFO 본부조직을 경영참가형의 조직으로 길러 가는 것이 CFO 본래의 역할이다.

기업가치, 주주가치를 높이다

Chief Financial Officer

기업가치를 높이는 것이야말로 기업경영의 목적

　일본의 기업은 지금까지 주주에게 배려하는 일이 거의 없었다. 일본의 기업이 지금까지는 일반적으로 주가의 동향이나 배당을 너무 의식하지 않았던 것은 부정할 수 없다. 회사는 누구를 위한 것인가, 회사의 주권은 누구에게 있는가, 예를 들어 기업지배라고 물은 경우, 제1장에서 말한 것처럼 일본에서는 경영자 및 종업원을 위한 것이라고 생각하는 경향이 강하고, 주주는 기업경영의 구조 속의 일부로서밖에 자리매김해 오지 않았다고 해도 좋을 것이다.

그런데 여기서도 역시 글로벌화의 물결에 휩쓸려서 주주의 요구가 점차 높아져, 이것을 경시하기가 극히 어려운 상황이 되어 왔다. 일본 기업의 상호보유주식의 방출과는 반대로, 외국인 투자가 혹은 발언하는 투자가의 소유주 비율의 상승에 의해, 일본에서 기업지배의 구축이 요구되기에 이른 것이다. 기업지배에 대해서는 제1장에서도 설명했지만, 매우 중요한 일이므로 다시 한 번 강조하고 싶다.

그런데 기업의 소유자는 주주이며, 경영자나 종업원은 주주의 이익을 낳기 위한 존재다라는 사고방식에 철저한 미국에서는, 기업가치를 올리는 것이 기업경영의 목적이라고 여겨지고 있다. 그 기업가치를 측정하는 가장 큰 척도는 주가이며, 주가를 높이기 위해서 CEO가 비전을 제시하고, 그 비전을 CFO나 COO 이하 스태프 전원이 일환이 되어 업무를 수행하여, 그 결과 수익이 올라 주가도 상승하면 경영자의 평가도 올라간다. 반대로 주가가 하락하는 일이 있으면 깨끗이 단념한다. 그 뿐만 아니라 기업 그 자체가 주저 없이 해체되고 매각된다. 그것이 미국의 기업관이고, 경영에 관한 기본적인 사고방식이다. 물론 수익의 배분에 관해서도 캐피털 게인(capital gain)을 표방하는 벤처형 기업 이외에서는 배당성향을 무시할 수 없다. 일본의 기업과 같이 경영기반 강화를 위해, 혹은 기업의 존속을 위해서 내부유보(內部留保)로 돌린다는 발상은 받아들여지지 않을 것이다.

한편, 일본에서는 기업지배의 중심은 주주가 아니라 기업을 대표하는 경영자에게 있다는 자리매김으로 되어 왔다. 그 경영자는 종업원의 대표이기도 하므로, 주주 주권(株主主權)인 미국에 대해 일본의 경우는 경영자·종업원 주권이라고 해도 좋을 것이다. 게다가 기업은 거기서 일하는 종업원이나 그 가족의 인생을 책임지는 일종의 운명공동체이기도 하다. 따라서 기업은 주주를 위해서 기업가치나 주가를 올리기보다, 얼마나 기업을 존속시키는가에 주된 목적을 두게 된다. 상호주식보유제도나 주거래 은행 제도, 혹은 가족적 경영 등 일본의 독자적인 경영수법이 연면(連綿)하게 계속되어 왔던 것도 그 때문이지만, 그러한 일본식 경영이 지금, 소리를 내며 무너지려고 하는 것은 지금까지 여러 차례 서술해 왔던 대로이다.

앞으로 외국인 투자가나 기관투자가 등 적극적으로 발언하는 주주가 한층 더 많아질 것은 틀림없다. 그리고 사외이사 제도의 발전에 따라 그들이 사외이사로서 경영에 참가하여 CEO 이하의 경영을 집행하는 측을 감독하게 되는 것 또한 틀림없다. 그렇게 되면 기업은 주주의 이익이 되도록 움직이지 않으면 안 되게 된다는 쪽

으로 자연스럽게 다가갈 것이다.

　일본의 기업은 지금 그러한 큰 분기점에 처한 것이다.

　그러나 지금까지의 일본식 경영을 완전히 부정하여 주주를 주체로 생각하는 미국식 경영수법으로 전환하는데는 적지 않은 무리가 있을 것이다. 역시 일본과 미국의 기업관의 차이에 대하여 각각의 메리트, 디메리트를 감안하면서 일본의 풍토에 맞는 형태로 글로벌 스탠더드를 도입해 갈 필요가 있는 것이 아닐까?

　물론 어떠한 형태로 글로벌 스탠더드를 도입해 가든, 주주 가치를 올려 가는 것이 최대의 중요 과제임에는 변함이 없고, 이 점을 잊고, 예를 들어 자금조달에 전념하는 일만으로는 CFO라고는 할수 없다. CFO라고 자신 있게 나서는 한에는, 역시 기업가치를 올리기 위해서 온힘을 쏟아야 한다. 다만 그 경우도, 주주만을 배려하는 것이 아니라, 이해관계자, 즉 고객, 종업원, 거래처의 만족도를 올리는 것이 결과적으로 주주의 이익으로 이어지는 경영, 그런 것을 모색할 필요가 있는 것이 아닐까?

일본의 기업에서는 지금까지 어느 쪽인가 하면 이익 그 자체를 의식하지 않는 경영을 해왔다. 그것이 허용되었던 것도 소리 높여 말하는 투자가가 적었기 때문이며, 앞으로는, 예를 들어 경영자원의 재배분(再配分) 등을 생각하면서 얼마나 이익을 올려 가는가, 기업가치를 창조해 가는가라는 점을 CFO에게 묻게 될 것이다. CFO는 거기에야말로 모든 정신을 쏟아야 할 것이다.

기업가치를 올리려면 전략이 있어야 한다

반복이 되지만, 경영에서 가장 중요한 것은 기업가치를 올리는 일이고, 그것을 실현하려면 경영전략이 있어야 한다.

예를 들어 경쟁상대보다 우위에 서려면 상품 및 서비스의 차별화나 경영의 스피드화가 요구되는 것은 말할 필요도 없는데, 거기에는 어떤 조직 만들기가 필요한가? 또 주주에 대해서 어떤 설명책임이 있는가? 그 부분을 제대로 파악해 두지 않으면 CFO의 책무를 다하기란 극히 어렵다.

물론, 기업가치를 올린다고 해도, CFO 혼자서 할 수 있을 만큼 간단한 것은 아니다. 거기는 역시 CEO 등 다른 임원과 함께 팀워크를 이루면서 기업가치를 올리기 위한 전략과 전술을 가다듬는 작업이 필요해지는데, 그 때 CFO가 자각해야 하는 것은 경영전반의 단계 만들기이다.

앞에서 서술한 것처럼 CFO 및 CFO 본부조직은 정보의 집적기지(集積基地)이다. 경영판단에 관한 최대 중요정보의 거의 모든 것이 모이는 부문, 그것이 CFO 본부조직임을 생각하면 CFO만큼이나 인프라 정비에 적절한 직무는 없고, 당연한 일이면서 경리, 재무 시스템의 구축뿐만 아니라, 기간업무 시스템의 구축에도 주체적으로 임해 가지 않으면 안 된다. 경영비전이나 모델의 작성은

CEO의 주된 임무이지만, 그것을 실행으로 옮겨 갈 때의 조직화, 시스템화는 CFO의 역할이다.

  그 역할을 최선을 다해 완수한 결과, 비용감축이나 경영의 스피드화가 실현되면 스스로 주주 가치도 올라갈 것이고, 자금조달과 그 밖의 일도 하기 쉬워질 것이다.

인베스터 릴레이션즈(invester relations

Chief Financial Officer

요구되는 타임리한 정보개시

먼저 서술한 것처럼, 일본의 기업은 지금까지 주주나 이해관계자에 대한 정보개시, 전달에 그다지 열심이지 않았다. 열심이었던 것은 오히려 소리 높여 말하지 않는 안정한 주주 만들기나 주식의 상호보유였으며, 일본의 기업이 주주를 경시해 왔다는 비난을 면할 수 없는 것은 물론, 글로벌화가 더욱 더 진행되는 앞으로의 시

대에 종래의 주주·투자가 대책에 있어서는 불충분한 것은 명백하다. 그 뿐만 아니라 기업 그 자체가 위기 상황에 빠지는 것도 충분히 예상된다. 그렇게 되지 않기 위해서도 앞으로는 주주·투자가를 보다 의식한 경영, 이른바 인베스터 릴레이션즈(투자자와의 관계)가 강조된다는 것을 확인해 두고 싶다.

그러면 왜 인베스터 릴레이션즈가 중시되는가? 그 이유 중의 하나는 물론 글로벌화이다. 지금 생산이나 판매의 거점을 전 세계로 전개하는 기업, 이른바 글로벌 기업이 계속 증가하고 있어 주주·투자가에게 있어 기업의 동향을 파악하기 어려운 상황이 되었다. 그 사정은 기업 내부에서 일하는 종업원도 마찬가지이며, 자신의 회사가 도대체 무엇을 하고 있는지 잘 이해하지 못한 샐러리맨도

적지 않을 것이다.

　그래서 기업 내의 정보를 모아 충분히 이해할 수 있는 형태로 리포트할 필요가 생기는데, 거기에는 정보의 집적거점인 CFO 본부조직 속에 인베스터 릴레이션즈 전문부문, 부서를 두어 대처하는 것이 일반적이다. 그 부문, 부서를 CEO 직할로 할지, 혹은 CFO 본부조직의 한 부문으로 할지 그것은 케이스 바이 케이스(case by case)로 생각하면 좋은 문제이지만, 어쨌든 주주 · 투자가에 대한 인베스터 릴레이션즈를 충분히 배려해 가지 않으면 안 된다. 그 배려를 게을리 하면 생각지도 못한 손해를 입는 일도 있으므로 세심한 주의가 필요하다.

　예를 들어 기업이 불상사를 은폐했을 경우, 지금까지의 일본에서는 기본적으로 그다지 큰 문제는 되지 않았지만, 지금부터는 상당한 불이익이 주어질 것임은 의심할 여지가 없다. 그렇다고 하기보다 이미 상당한 불이익을 부과하게끔 되었다고 말하는 편이 좋을 것이다. 그 불이익은 주주대표소송이라는 형태에 의한 것일지도 모르고, 주가의 급락이라고 하는 형태로 부과될지도 모른다. 어떠한 형태가 될지는 그 때의 상황에 따라 결정되겠지만, CFO인 한 은폐체질은 때로는 생명이 위험하게 되기도 한다는 것을 제대로 인식해 두었으면 한다.

나아가서 더 생각해 두지 않으면 안 되는 것은, 정보 개시가 시기 적절하게 행해지지 않은 것만으로도 불이익이 주어질 것이라는 점이다.

일본에서도 가까운 장래, 4분기마다의 결산보고가 의무화될 것이라는 내용은 이미 서술했던 대로인데, 그렇게 될 경우, 주식공개 기업은 3개월에 한 번 기업실적을 나타내는 수치와 경영상태 및 차기의 업적예측, 그리고 예상되는 리스크를 개시해야 한다. 그 때 대체로 문제가 되기 쉬운 것은 리스크의 개시로서, 예를 들어 이런 곳에 투자를 했지만 이 투자에는 이러이러한 리스크가 있다는 식으로, 기업경영에 영향을 줄 가능성이 있는 리스크의 개시가 필요하다. 그것을 게을리 하여 주주·투자가에게 손해를 끼쳤을 경우에는 어떠한 형태로든지 불이익이 주어질 것이라고 생각된다.

리스크의 개시와 동시에, 세심한 배려를 필요로 하는 것이 업적 예측에 관한 정보개시이다. 예를 들어 기(期)의 중간 무렵에 업적 예측이 하향수정되거나 상향수정되는 경우는 드물지 않지만, 그 경우 정보개시가 시기 적절하게 행해지는가 어떤가? 이것에 의해 인베스터 릴레이션즈에 막대한 영향을 주게 될 것이다.

최근의 예로 말하면, IT 버블붕괴에 따르는 IT 관련 기업의 실적 악화 등이 으뜸 되는 케이스라고 할 수 있을 것이다. 아는 대로, 반도체 불황에 의해 IT 관련 기업은 일제히 급격한 실적악화에 몰렸지만 그 정보개시가 극히 늦었고, 그 때문에 막대한 손해를 입은 주주·투자가가 적지 않았다. 그런데도 큰 문제가 되지 않았던 것은 아직도 정보개시가 엄밀하게 추궁당하고 있지 않기 때문이다. 그러나 앞으로 주주·투자가들이 엄격하게 감시하게 되면 — 특히 미국의 기관투자가는 매우 엄격한 것으로 알려져 있는데 — 소송문제에까지 발전하는 일도 많아질 것이다.

그런 사태를 부르지 않기 위해서도 인베스터 릴레이션즈를 잘 운영, 관리해 가는 것이 CFO에게 요구되는 바인데, 문제는 정보개시를 요구하는 주주·투자가들의 요청에 응할 만큼의 준비를 기업측이 갖출 수 있을지 이다.

정보전달 시스템의 구축

　정보개시를 생각할 경우, CFO에게 있어 당면과제가 되는 것은 사내정보의 정확한 파악이다. 얼마 전에 일본을 대표하는 일류 식품회사의 제품에 잡균이 들어 있어, 이것을 먹은 사람들이 집단 식중독에 걸린 사건이 있었다. 그 때, 이 회사의 최고경영자가 사태를 파악하지 못하여 "나는 몰랐다."라고 발언해 세상의 빈축을 샀던 일이 있는데, 회사의 내부에조차 정보가 순조롭게 전달되지 않는다면, 외부에 대해서 설명할 수 있을 리가 없다.

　그래도 경영의 우두머리가 '몰랐다'라고 발언한다는 것은 극히 이상한 일이라고 하지 않을 수 없다. 아마도 이 회사의 경우, 정보전달 시스템이 일원화되지 못했던 것이겠지만, 그런 것이어서는 정보개시의 시대에 도저히 대응할 수가 없다. 역시 CFO 본부조직 속에 인베스터 릴레이션즈 담당자를 두어, 어떠한 문제에도 대응할 수 있도록 체제를 정비해야 할 것이다.

　인베스터 릴레이션즈가 엄격하게 거론되는 시대의 기업경영이란, 말하자면 제3자의 감시하에 놓여진 것과 같으며, 실행해가기가 매우 어렵다는 것이 정직한 감상이다. 적어도, 이른바 쉬쉬 하는 경영이 성립되지 않게 되는 것은 틀림없다. 그러나 이것은 사내에 보다 유효한 정보 시스템, 업무 시스템을 만들어 가는데, 혹은 경영상태를 정확하게 파악해 가는데 최선의 계기가 될 것이다. 그 결과, 훌륭한 인베스터 릴레이션즈를 쌓아올릴 수 있다면 주주·투자가로부터 평가를 받고 주가에도 반영될 것임이 틀림없다. 나아가서는 자금조달이나 인재 채용 등의 면에 있어 우위에 서는 경우도 생각할 수 있다.

종래, 어느 쪽인가 하면 폐쇄적인 경영에 익숙해온 일본의 경영자에게 있어 인베스터 릴레이션즈는 서툰 분야일지도 모른다. 하지만 이것을 부정적 사고로 파악할 것이 아니라, 미래지향적인 긍정적 사고로 파악하여 보다 커다란 발전에 유용하게 쓰고 싶은 바이다.

CFO의 네비게이터

Chief
Financial
Officer

네비게이터와 CFO

세계적으로 유명한 자동차 경주에 파리 – 다카르(Dakar) 랠리
(rally)라는 것이 있다. 끝없는 사막을 며칠이나 걸려 달리는 지나
치게 가혹한 레이스인데, 참가 차량에는 드라이버 외에 네비게이
터(co-driver)가 반드시 동승한다. 그 네비게이터(navigator)는 기
본적으로 지도나 GPS(Global Positioning System)와 눈싸움을 하면서

최단코스를 적확(的確)하게 드라이버에게 지시하는 길잡이 역할이다. 다만 길잡이가 가능한 것만 가지고는 네비게이터를 해내지 못한다. 길잡이 외에 자동차의 메커니즘에 정통할 것. 이것도 네비게이터의 필수조건이고, 자동차가 고장났을 때에는 신속하게 수리할 수 있어야 한다. 또 음식이나 연료 보급을 어떻게 하는가도 네비게이터의 역할로서, 그런 몇 가지 역할을 완수할 수 있어야만 비로소 한 몫 하는 네비게이터라고 평가되는 것 같다.

그 네비게이터에 해당하는 것이 CFO라면 이해하기 쉬울지도 모른다. 드라이버인 CEO를 안내하면서 길 없는 곳을 계속 달려 경제 경쟁이라는 이름의 레이스에서 싸워 이길 수가 있는가? 그것이 네비게이터인 CFO의 솜씨이기도 한데, 거기에는 물론 꼼꼼한 계획과 준비가 필요하다.

예를 들어 세계적으로 유명한 요트 경주에 '아메리카즈 컵'이라는 것이 있다는 것을 아는가? 1870년에 시작된

이 대회는 전 세계의 요트맨들이 동경하는 레이스이고, 우승은커녕 참가하는 것조차 매우 어렵다고 일컬어지고 있다. 대회에 참가하기까지는 아찔해질 것 같은 준비작업이 있어야 하기 때문이다.

대회에 참가하려면 우선 수십억 엔이라는 막대한 자금을 모으는 데서부터 시작해야 한다. 그 만큼의 자금을 어디에서 어떻게 모으면 좋은지는 팀리더(team leader)가 항상 골머리를 앓는 부분이다.

자금을 모으는 계획이 세워지면, 그 다음에 요트의 설계 및 제조에 들어간다. 그렇다고 해도, 단순히 요트를 만들면 된다는 것은 아니다. 최첨단의 기술을 결집한 하이테크의 집합체와 같은 요트를 만들지 않으면 우수한 성적은 바랄 수 없기 때문이다. 그래서 막대한 자금이 필요한데, 이 요트의 설계와 제조에는 자금뿐만 아니라 시간적으로도 긴 세월을 필요로 한다. 즉 자금적 여유와 시간적 여유, 또 끈기와 근성이 없으면 참가할 수 없는 것이 아메리카즈 컵이다.

일본 팀은 유감스럽게도 2003년에 개척되는 레이스에는 참가할 수 없는데, 그 이유는 자금부족 때문이다. 요트를 설계하고 제조할 수 있을 만큼의 자금을 마련할 방안이 서지 않았기 때문에 참가하지 못할 것이라고 한다. 바야흐로 일본의 불황을 상징하는 이야기인데, 일본 팀의 참가, 불참은 따로 논하더라도 아메리카즈 컵에 참가하는 팀의 리더와 같은 정도의, 혹은 그 이상의 꼼꼼한 계획과 준비가 필요한 것이 실은 CFO라는 포지션이다.

CFO는 우선 CEO가 제시하는 비전을 실현하기 위한 목표를 설정해야 한다. 언제까지 얼마 만큼의 수치를 달성하는가와 같은 구체적인 목표를 설정하는 것이다. 그 다음에 행하지 않으면 안 되는 것은 그 목표를 달성하기 위한 전략 · 전술의 책정이다. 그것과 동시에 조직화도 꾀하지 않으면 안 된다. 목표를 달성하기 위해서 어떤 조직이 제일 적격인가, 또 누구를 어느 부서에 배치하면 가장 효과적인가, 예산을 어떻게 배분할 것인가 등 전략 · 전술의 결정을 해 가는 것이다.

물론 전략 · 전술이 당초의 계획대로 진행된다고는 할 수 없다. 도중에서 궤도수정을 하지 않을 수 없는 경우도 있을 것이다. 그러한 때에도 선두에 서서 조직 전체를 통솔하여, 임기응변으로 대응해 가지 않으면 안 되는 것은 말할 필요도 없다. 무턱대고 당황하거나 "나는 모른다." 따위로 발언하는 것은 CFO라고 할 수 없다. 어떠한 사태를 만나도 항상 냉정하고 침착하게, 또 대응하는 수단마다 모두 핵심을 꿰뚫어 보는 것이 이상적인 CFO상(像)이다. 그것을 위해서는 경리나 재무에 정통할 뿐만 아니라, 비즈니스의 구석구석까지 숙지하지 않으면 안 된다. 게다가 경제 동향을 정확하게 파악하는 눈을 갖추고 있는가도 CFO에게 있어 중요한 요건이다.

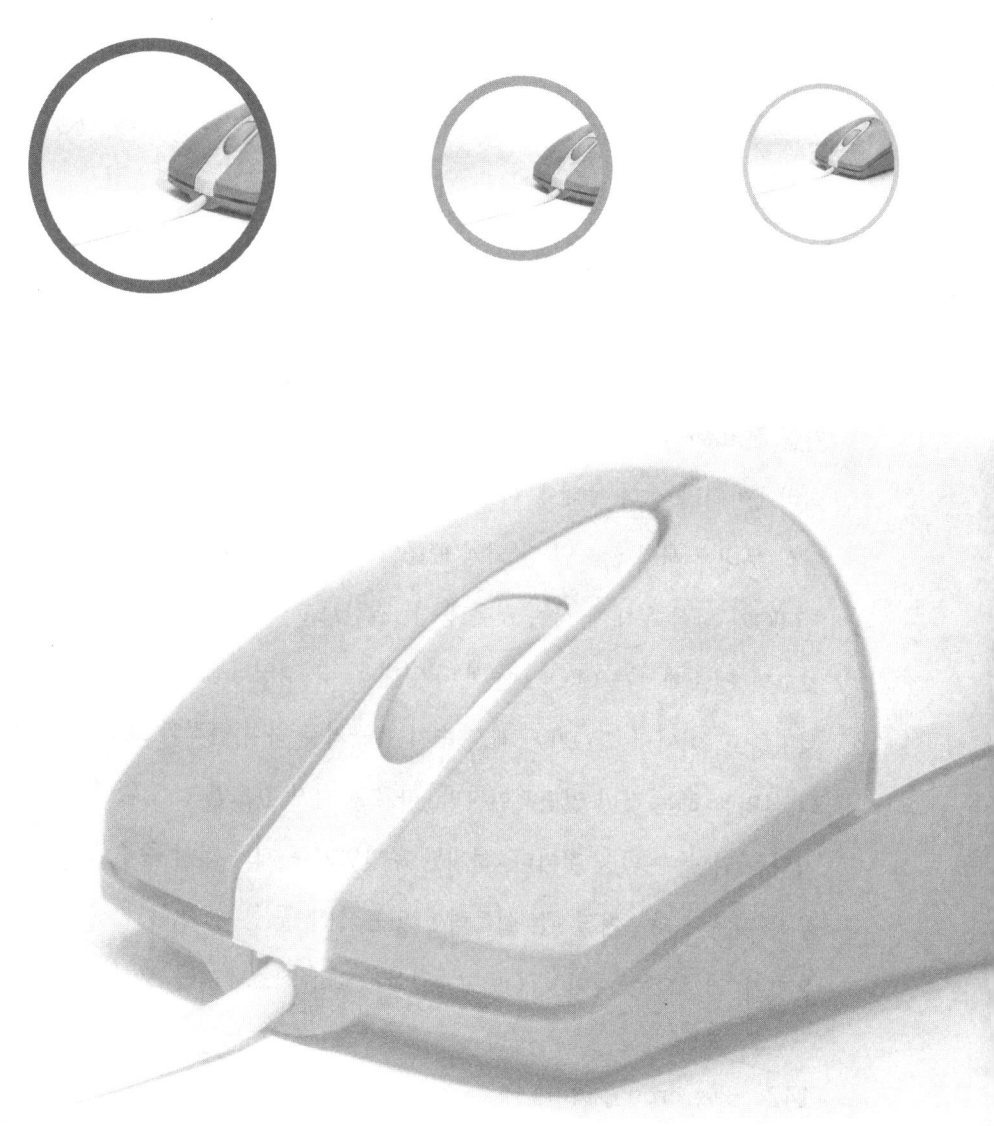

네비게이터와의 차이점

 이야기가 조금 빗나갔지만, 미국에서는 CFO가 기업을 퇴사하거
나 입사했을 경우, 그것을 알리는 기사가 신문에 게재되는 경우가
많다. 특히 퇴사를 할 경우에는 갑자기 주목을 끌어 '그가 그만두
면 그 회사는 위험한 것이 아닌가'라는 소문이 잠시 떠도는 경우
도 드물지 않다. CFO란 그 정도로까지 세상의 주목을 끄는 중요한
자리이다.

 확실히 CFO는 자동차 랠리의 네비게이터를 닮았다. 그러나
CFO는 네비게이터와 같은 드라이버를 지지하는 데에 철저한 배후
자는 결코 아니고, 참모와 같은 역할도 아니다. 랠리에서 우승해도
네비게이터가 정식 무대에 서는 일은 거의 없지만, CFO는 때로는
정식 무대에 서지 않으면 안 되기 때문이다.

 CFO가 정식 무대에 서는 것은 통상, 결산보고의 장면이다. 결산
보고의 장소에서는 CEO가 우선 경영내용 및 경영방침의 개략을
설명하고, 이어서 CFO가 구체적 수치를 근거로 하여 업적과 그 밖
의 설명을 하는 것이 일반적이지만, 따로 문제가 없으면 별 탈없이
책임을 다할 수 있을 것이다. 하지만 무엇인가 문제가 있어 주주로
부터 질문이 퍼부어질 때, 설득력이 있는 설명을 할 수 있는가 없
는가가 거론되는 것이 CFO이고, 결산보고의 장소에서는 오히려

CEO보다 CFO가 주역이다.

이와 같이 생각하면 CFO가 얼마나 종합력이 거론되는 자리인지 쉽게 이해할 수 있을 것이다. 그 만큼의 중임이니까, 물론 보수도 그만한 것이 약속되어 있다.

리스크 대응능력을 가지다

Chief
Financial
Officer

기업이 안은 리스크

기업은 오퍼레이션상에 있어서도, 금융상에 있어서도, 항상 리스크와 직면하고 있다. 언뜻 보기에 순풍에 돛단 배로 보여도 조금만 톱니바퀴가 어긋나면, 눈 깜짝할 사이에 실적 악화의 곤경에 처할 수도 있는 것이 기업이라는 생물이며, 어떤 대기업이든 리스크와 아무 관계가 없다는 일은 있을 수 없다. 그 리스크의 주된 곳을

확인하는 의미에서 다시 한 번 든다면,

① 사업 리스크

② 재무 리스크

③ 인적 리스크 : 경영자, 조합, 엔지니어 등

④ 외부요인에 의한 리스크 : 경제환경, 규제환경, 경쟁환경, 천
　재지변

이라는 식으로 되는데, 이 중에서 가장 보편적인 것이 ①, ②의 비
즈니스 활동에 따르는 리스크로서, 여기에는 판단 잘못에서 생기
는 손실, 무지(無知)로부터 생기는 손실, 또는 예견할 수 있었는데
도 무시한 것에서 생기는 손실 등이 있다. 예를 들어 재무상의 리
스크로서는 환율 리스크, 금리 리스크가 있고, 오퍼레이션상의 리
스크로서는 상품가격의 변동에 의한 리스크가 있다. 그러한 리스
크를 관리, 감독해 가는 입장에 있는 것이 CFO이고, 리스크가 발
생했을 때에는 주주에게 미치는 영향을 최소한도로 하는 것을 염
두에 두어서 행동하는 것이 최선이다.

　물론 리스크가 발생하면 사원에게 미치는 영향도 피할 수 없다.
예를 들어 금융파생상품(derivative)으로 몇 천억 엔의 손실을 냈을
경우, 자기자산으로 조달할 수 있다면 괜찮지만, 한도를 넘어 도산

이라도 하게 되면 사원과 그 가족은 즉시 길거리로 나앉게 될 처지가 된다. 그것만은 무슨 일이 있어도 방지해야 한다. 그것을 위해서는 예측되는 리스크에 대응할 수 있는 조직과 기술이 필요하다는 것은 말할 나위도 없고, 얼마나 과정 속에 체크 기능을 짜 넣는가 하는 것이 중요한 테마가 된다.

한편, 사고나 자연재해 등에 의한 손실은 그 대부분을 보험으로 보상할 수 있다. 자동차보험, 화재보험, 해상보험, 운송보험, 신용보험……. 최근에는 지진보험이라는 것도 주목받고 있는데, 그러한 보험에 가입하고 있으면, 비록 손해가 발생해도 보상받을 수 있기 때문에 일단 안심은 할 수 있다. 자연재해나 사고 등을 당했을 경우에는 오히려 얼마나 손해를 보충하는가보다는, 얼마나 비즈니스를 계속할 수 있는가 하는 것이 더 중요한 테마가 될 것이다.

지난 해에 미국에서 일어난 동시다발 테러 등이 가장 좋은 예인데, 예측 불가능한 사태에 빠지면 대체로 비즈니스가 정지되기 십상이다. 거기서부터 발생하는 손해는 따져볼 수가 없고, 자칫 잘못하면 도산의 고통을 당할 수도 있다. 그러한 리스크를 얼마나 예방하여 비즈니스를 계속해 갈 것인가? 그것에 의해 기업의 운명은 크게 좌우되므로 CFO는 사업을 계속할 수 있도록 남보다도 훨씬 더 민감하지 않으면 안 된다. 물론, 민감할 뿐만 아니라 평소부터 리스크를 관리하여 그것을 위해 조직을 통합해 가는 것이 필요하다는 것은 말할 필요도 없다.

　오퍼레이션상의 리스크든 자연재해에 의한 리스크든, 리스크를 100% 예방하기란 거의 불가능하다. 그러나 리스크의 예측을 할 수 있으면 100%라고는 하지 않아도 어느 정도는 방지할 수 있을 것이다. 따라서 리스크 관리에 관한 CFO의 역할로서 가장 중요한 것은 우선 리스크 예측을 하는 것이다. 그런데도 리스크가 발생했을 경우 어떻게 대처할 것인가를 CFO는 항상 생각하고 있지 않으면 안되며, 예측하지 못한 사태에 있어서의 행동규범의 책정, 그것이 실효를 거두게 하는 조직 만들기를 게을리 한다면 돌이킬 수 없는 일이 된다.

　그 의미로, 리스크 감각이 부족한 사람은 CFO에 맞지 않는다라고 말해도 과언은 아니다.

위기의식이 부족한 일본인

일본인은 위기의식이 매우 부족하다고 이야기되고 있다. 그것은 아마 틀림없을 것이다. 그러면 왜 일본인은 위기의식이 부족한가? 생각건대, 제2차 세계대전 후 자유롭고 평화롭게 수호 받아 경이적인 발전을 이룬 것, 이것이 최대의 이유가 아닐까? 결과적으로 여러 선진국과 비교해도 위기감이 부족한 존재가 되어 있다. 국가적 중대사가 일어나도 대응력이 없고, 남의 일처럼 끝내 버린다.

거기에 대해 '팍스 아메리카나(Pax Americana)'를 자인하는 미국의 위기에 대한 의식은 상상을 초월하는 면이 있어, 그들은 항상 전쟁을 상정한 국가전략 · 전술을 갖추고 있다. 그것은 기업에 있어서도 마찬가지이고, 미국의 기업은 대체로 리스크에 강하다. 그 점에서 일본 기업의 경영진은 바야흐로 평화노망(평화로워서 멍청해진 것)과 같은 상태이고, 어떻게 평가해도 위기의식이 높다고는 말할 수 없다. 이 차이는 대단히 크고, 유감스럽게도 위기관리의 면에서는 미국과 맞겨룰 수 없을 것이다.

예를 들어 지난 몇 년 전부터 경기회복을 계속 방해해 온 큰 문제에 부실채권 처리가 있는데, 이것 따위도 위기 레벨로 말하면 A랭크, 확실히 바람 앞에 등잔불과 같은 사태라고 해도 좋다. 그런데 정부나 기업도 우왕좌왕할 뿐, 버블이 붕괴된 지 10년 이상이나

지나는데도 아직껏 해결하지 못하고 있다. 이런 꼴이라면 위기의
식이 낮다고 비난받아도 어쩔 수 없는데, 우리에게 있어 중요한 것
은 앞으로 얼마나 위기관리를 철저히 해가느냐이다. 세계가 네트
워크로 이어져서 정보가 개방된 오늘날, 온 세상 사람들이 '설마!'
라고 놀란 뉴욕의 테러 사건과 같은, 예상을 훨씬 넘은 위기에 직
면할 가능성은 극히 높다. 그 당사자가 될 때, 어떻게 대처하면 좋
은가? 비즈니스를 계속하기 위한 매뉴얼과 대책을 세우는 것이 필
요하다. 이것을 생각해 두는 것도 CFO의 역할이다.

리스크의 디스클로저

리스크 대책으로 한 가지 더 중요한 것은 리스크가 발생했을 경
우의 정보의 디스클로저이다. 어떠한 리스크가 발생했을 때, 할 수
만 있다면 숨겨 두고 싶다, 안에서 몰래 처리하고 싶다는 심리가
작용하는 것은 어느 의미로 당연할지도 모른다. 그러나 앞에서 서
술한 것처럼 정보를 개시하지 않는다면 불이익이 앞으로 더 한층
커질 것은 확실하여 숨기려고 하면 할수록 스스로를 궁지에 몰아
넣게 된다는 것을 명심해야 한다.

게다가 무엇보다도 숨기려고 해도 숨기지 못하는 것이 현실이

다. 특히 최근에는 내부고발
이라는 형태로 리스크나 불
상사가 표면화하는 일이 눈
에 띄게 증가하고 있어 기업
은 항상 안팎으로부터 감시
받고 있다고 자각해야 할 것
이다.

한층 더 자각이 필요한 것
은, 정보가 한 번 외부에 새
면 인터넷 등에서 눈 깜짝할
사이에 퍼져 버린다는 점이
다. 게다가 인터넷에 넘쳐나
는 정보에는 허위정보도 많
아, 이른바 풍설(風說)에 의
한 피해로써 기업가치가 크
게 손상되는 경우도 있다.

지금까지 기업의 홍보담당
은 미디어를 대상으로 한 대
책을 생각하고 있으면 좋았
는데, 그러나 앞으로는 인터

넷상에 넘쳐나는 정보를 얼마나 관리해 가느냐 하는, 극히 어려운 문제에도 직면하게 된 것이다.

그것은 어쨌든, 확실한 리스크, 확실한 불상사가 발생했을 경우에는 우선 오픈할 것, 이것이 기본이다. 다만 뭐든지 다 오픈하면 좋다는 것은 아니고, 오픈할 필요가 없는 정보까지 오픈할 필요는 없다. 그 부분의 판단이 실로 어려운데, 오픈으로 할지 어떨지를 판단하는 능력, 이것도 CFO에게 요구되는 중요한 능력 중의 하나이고, 오픈으로 하는지 아닌지는 CFO의 판단에 달려 있다고 말해도 틀리지 않는다.

예를 들어 어떤 리스크 정보가 올라왔을 때, CEO가 정보개시에 반대했다고 하자. 그 때 CFO도 같은 생각이라면 문제는 없지만, 만약 정보를 개시해야 한다고 판단하면 침묵을 지키고 있을 것이 아니라, 어떠한 형태로든 반대를 표명해야 한다. 그리고 최종적으로는 — 여기가 실로 미묘한 점이지만, 통제 기능이 작용하는 기업에서는 CEO가 CFO의 의견을 존중하여 CFO가 개시한다고 하면 거기에 따르게 되어 있다. 오퍼레이션상의 판단, 예를 들어 제품의 가격을 어떻게 할까 하는 문제에 관해서는 CEO가 최종결단을 내리지만, 적어도 리스크의 개시에 관한 한 CEO도 CFO의 의견을 존중하지 않을 수 없어 CFO가 강경하게 '개시해야 한다' 라고 주장하면, CEO는 거기에 따른다는 역할분담이 중요해진다.

그 만큼의 권한이 맡겨졌다는 것은 당연한 일이면서, 책임도 무겁다는 것이고, CFO는 리스크의 개시에 관한 책임으로부터 피할 수 없다. 즉 누군가의 뒤에 서서 판단을 기다리는 것이 아니라 스스로 판단을 내리지 않으면 안 되는 것이다.

CFO 본부조직

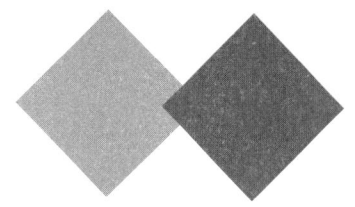

Chief Financial Officer

CFO와 CFO 본부조직

CFO란 독자적인 위치이고, 독자적으로 행동하고 있는 것이 아닐까 하고 생각하는 사람도 적지 않은 것 같다. 하지만 이것은 완전한 오해이며, 자기 아래에 CFO 본부조직을 가지고, 그 우두머리로서 활동하는 것이 CFO이다.

CFO는 이사회에 의해 전임된 오피서의 한 사람이며, CEO에 대해서 직접 리포트한다. 오피서는 특정한 기능적 역할을 대표하는 것이 일반적이고, CFO는 경영집행에 관하여 다른 오피서와 함께 책임을 가지는 동시에 경리·재무부문 등을 통괄한다. 즉 CFO는 컨트롤러, 트레주러 등 직속의 부하를 데리고, CFO를 중심으로 한 CFO 본부조직을 구성하고 있다. 개별기업의 규모나 업태(業態)에 의해 CFO 본부의 구조는 다르지만, 플랫(flat, 평탄)한 조직을 도입한 기업에서는 재무기획, 사업부문의 경리·재무책임자, 내부감사, 인베스터 릴레이션즈(IR) 등의 각 부문도 CFO에 직접 리포트하는 경우가 많다.

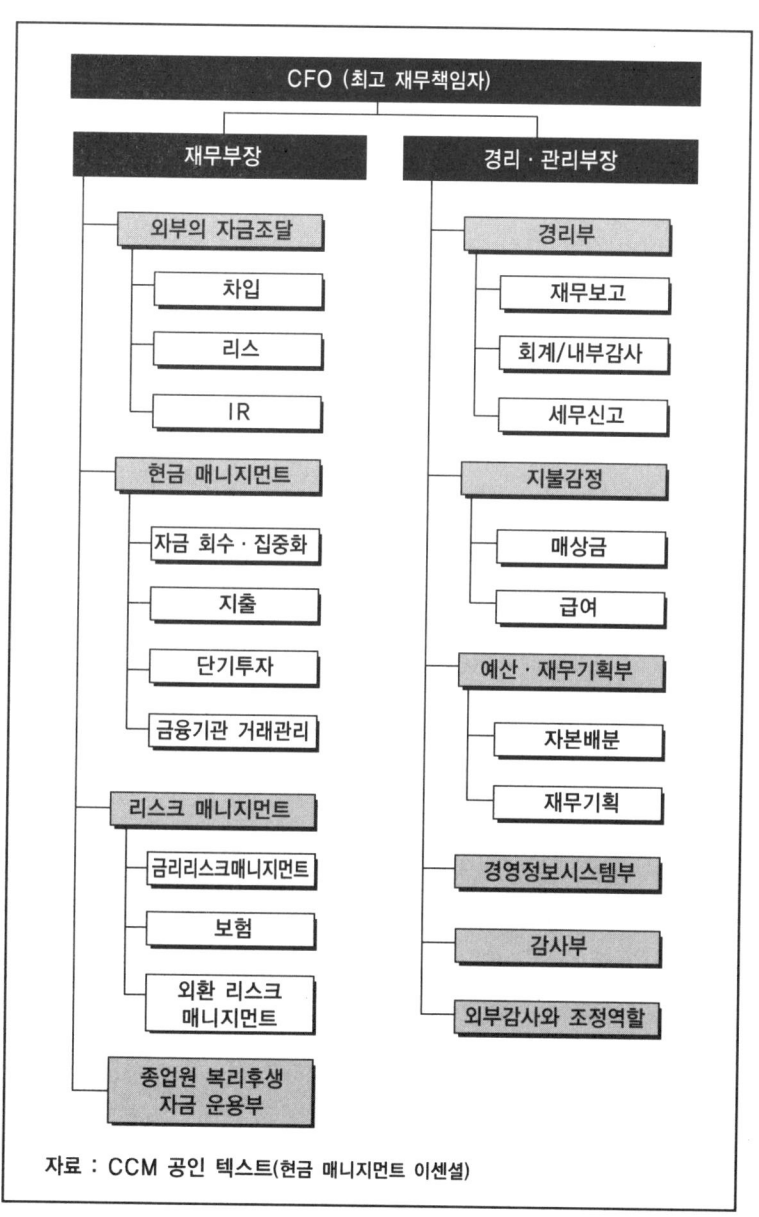

【전형적인 CFO 본부 조직도】

CFO 스태프의 교육, 훈련

CFO는 집행임원으로서 회사 전체를 관리, 감독해 감과 동시에, CFO 본부조직의 관리, 운영에도 끊임없이 관심을 가지지 않으면 안 된다. 그 가운데에서도 특히 중요한 것이 CFO 스태프의 교육, 훈련이고, 비즈니스 마인드를 가진 스태프를 양성해 가는 것이 요구된다.

기업에 따라서는 그 교육이나 트레이닝을 독립된 부서에 맡기는 곳도 있는데, CFO 본부조직 속에 교육 시스템을 집어넣는 편이 보다 좋은 것이 아닐까? 실제로 미국에서는 그러한 기업이 많다.

어느 시스템을 채용한다고 해도, 자신의 후계자를 기르는 것도 CFO의 역할이며, CFO에 걸맞은 인재가 육성되지 않았을 때에는 자신의 후임을 외부로부터 채용하게 된다. 그 의미에서 내부승격이라는 형태로 CFO를 선임할 수 있는 기업은, 조직적으로 꽤 잘된 기업이라고 평가할 수 있을 것이다.

제4장
비즈니스 파트너로서의 과제

전략적 재무 시나리오의 작성과 실천

Chief
Financial
Officer

자금조달과 자금운용

앞에서도 서술한 것처럼, CFO의 중요한 역할 중의 하나에 재무전략의 구축이라는 것이 있다. 그러면 그 재무전략이란 어떤 것인가? 이것은 크게 나누면 2가지가 있다. 자금조달과 자금운용이다.

우선은 자금조달인데, 이것에는 주식이나 채권의 발행 등 여러 가지 방법이 있다. 예를 들어 벤처기업에서는 주식을 공개함으로써 자금을 모으는 일이 많고, 인프라형의 기업이라면 사채 발행으로 자금을 조달하는 경우가 많다. 그 밖에 은행으로부터의 차입도 물론 자금조달의 한 가지 방법이고, 대형자금조달을 할 때에는 신디케이트론(Syndicate loan)을 짜는 경우도 있다. 하지만 CFO로서 잊어서는 안 될 것은 영업활동에 의한 현금흐름이다. 이것은 말하자면 자기조달로 분류되는 것으로, 영업활동이나 사업활동에 의해 현금을 늘려 가는 일이 최근 들어 매우 중요해지고 있다. 실제로는, 모든 자금을 자기조달하기란 어렵지만, 할 수만 있으면 자기조달하는 것이 가장 바람직하다.

다음으로 자금의 운용으로서는, 조달한 자금을 기업의 매수나 합병에 사용하거나 다른 투자에 돌리거나 하는 것을 들 수 있다. 또 기업활동에 있어서의 프로젝트, 예를 들어 신제품 개발이나 시장 개척이라는 프로젝트에 자금을 사용하거나 하는 것도 자금운용의 하나인데, 현금의 중요성이 주장되는 지금, 보유자금은 어느 정도 풍부하게 해두어야 할 것이다. 재무적으로 곤경에 빠졌을 때, 현금이 풍부한 편이 좋은 것은 당연하고, 유리한 투자 기회를 만났을 때 현금이 있으면 곧바로 대응할 수 있는 것도 당연하다. 역시 자금운용의 포트폴리오를 짜는 것과 동시에 어느 정도의 현금은 항상 수중에 갖고 있도록 하고 싶은 바이다.

그래서 자금조달과 자금운용, 그 어느 쪽이 더 중요한가 하면,

현재는 자금조달이라고 할 수 있을 것이다. 즉 자금을 얼마나 저축해 가는가 하는 면이 현재의 중요 경영전략의 하나가 되어 있어 거기에 대해 리더십을 발휘하면서 재무전략을 수립해 가는 것이 CFO이다.

재무전략의 중요성

여기서 다시 한 번 일본의 기업이 어떻게 자금을 조달해 왔는지, 그 발자취를 돌아보면, 일본 경제 전체가 한쪽으로 치우친 성장노선을 걷고 있었을 무렵에는, 자금조달로 고생을 하는 경우는 거의 없었다. 그 이유도, 일시적으로 자금난을 겪어도 은행 등의 금융기관으로부터 간단하게 돈을 빌릴 수가 있었기 때문이다. 즉 개인으로부터 저비용으로 자금을 모은 금융기관이 저금리로 기업에게 돌려주고 있었던 것이다. 그 자금으로 기업은 설비투자를 하거나 고정자산을 구입하면 되었고, 기업에 있어서의 재무는 전략적으로 그다지 중요하지 않았다.

그런데 버블붕괴를 경계로 금융정세가 일변하여 은행의 신용도가 급격하게 떨어짐으로써 지금까지의 간접금융으로부터 직접금융에 시프트하지 않을 수 없게 되었다는 것은 제1장에서 서술한 대로이다. 그 결과, 재무전략의 중요성이 급부상하여 경영계획의 한 부분을 차지하게 된 것인데, 기업에 따라서는 경영전략의 주된 것으로 자리매김하는 곳도 있다. 거기에는 물론, CFO의 자금조달 능력이 반드시 필요하다.

예산배분

자금조달 외에서는 회사의 예산책정의 핵심이 되는 것도 재무담 당인 CFO의 중요한 역할이다.

중장기 사업계획 등은 기업이라고 이름이 붙는 한, 대체로 어디서도 책정하고 있겠지만, 그 중에서도 특히 중요한 것이 무엇에 얼마의 자금을 투입하는가 하는 예산배분이다. 이에 관해서도 CFO는 주도권을 취하여 적극적으로 참가해야 한다.

일본의 기업에서는 기존의 경리, 재무담당자는 사전교섭이나 코디네이터로서의 역할에 만족하고 있었다. 그러나 앞으로는 CFO도 적극적으로 발언하지 않으면 안 된다. 최종판단은 CEO가 내리게 되더라도, CFO로서의 견해를 분명히 밝히지 않으면 안 된다.

다만 한마디로 예산배분이라고 해도 그리 간단한 것은 아니다. 몇 개인가 있는 프로젝트를 각각 어떻게 평가할 것인가? 그리고 얼마 만큼의 자금을 투자하면 최대의 효과를 얻을 수 있는가? 또 개발, 제조, 판매의 균형배분을 어떻게 할 것인가? 그런 판단은 비즈니스 전반에 정통하지 않으면 할 수 있는 일이 아니다. 게다가 자금은 언제나 풍부하다고 할 수는 없고, 한도가 있다. 그러한 제약 속에서 최적의 예산배분 계획을 가다듬어 가는 것은 쉬운 일이 아니지만, 그것을 완수하는 능력이 갖추어지고 있는가? 그것이 CFO에게 물어진다.

가격설정

경영전략에는 또 가격전략이라는 것도 있다. 기업이 신제품을 시장에 내보낼 경우에는, 그 전에 가격을 정한다는 작업이 있는데, 그 가격설정 단계에도 CFO는 적극적으로 참가해야 한다. 그러기 위해서는, 시장의 동향을 파악하는 것은 물론, 자사제품과 경쟁회사의 제품의 차이를 파악한 다음에, 자사제품이 경쟁력을 가지고 있는가 가지고 있지 않은가 하는 부분도 제대로 연구할 필요가 있다. 신제품의 가격은 시장동향, 가격동향을 근거로 하여 제품기획 부문, 마케팅 부문, 세일즈 부문 등이 협의하여 결정하는 것이 보통이지만, 그 때 최종결정에 동의를 하는 것이 CFO이다.

다시 말할 필요도 없이, 자사제품의 가격은 현금흐름에도, 그리고 손익계산서에도 상당한 영향을 미친다. 그 뜻은, 즉 가격설정은 본래 파이낸스가 관련되어야 할 중요한 일의 하나이고, 그 의미에서도 CFO가 가격설정 단계에 참가하는 것은 당연한 일이라고 할 수 있을 것이다.

예를 들어 가격결정회의가 있을 때 CFO 혹은 CFO 스태프는 자발적으로 참가하여 수익성을 근거로 제안된 가격이 부적당하다고 판단했다면, 부정적으로 "노(No)"라고 말하지 않으면 안 된다.

물론 마케팅 부문이나 세일즈 부문, 또는 제품기획 부문의 담당자도 가격결정에 관한 지식이나 정보, 시장분석의 전문성, 판단력을 가지고는 있다. 그러나 그것은 어디까지나 일개 스태프의 입장으로부터 본 지식이나 정보인 경우가 많아, 예를 들어 이 가격이라면 이 정도 팔릴 것이라든지, 제조원가가 이 만큼이니 이 정도의 이익이 나올 것이다라는 것이 보통이다.

하지만 CFO는 한층 더 앞의 일을 담당한다. 스태프가 제공하는 가격결정에 필요한 데이터에 근거하면서, 보다 종합적인 견지에서 가격설정을 검토하는 것이 치프 매니저(chief manager)인 COO나 CFO의 일이다. 즉 최고 집행책임자로서의 COO와 함께 CFO는 시장 동향이나 장래에 걸친 경영방침, 또는 경쟁사와의 관계 등을 종합적으로 파악한 다음에 스태프가 제시하는 데이터와 대조하면서 가격결정에 관한 최종판단을 내리지 않으면 안 되는 것이다.

따라서 CFO인 이상, 가격을 설정하는 능력을 몸에 익히고 있지 않으면 안 되고, 적어도 가격설정은 자신의 일이 아니라는 태도만은 피해야 할 것이다. 신제품의 가격은 정해졌지만 이익이 나오지 않는다라는 식이 되면 CFO로서 책임을 질 수  있는가 어떤가? 거기까지 생각할 필요가 있을 것이다.

CIO와 제휴

Chief Financial Officer

CIO 등장의 배경

일본의 기업에서는 지금까지 기업의 시스템 관리를 담당하는 부서는 전산실이나 전산과(電算課)라고 불렸다. 컴퓨터를 이용해 사무를 처리해 간다는 의미로 그러한 명칭이 사용되어 왔지만, 전산실이나 전산과는 사무나 계산을 효율화하는 것 이외에 굳이 큰 역할은 기대되지 않았다. 물론 그 담당자도 사내적으로 높은 지위를 차지하는 일은 없었다.

그런데 기업경영에 관한 사고방식이 변화함에 따라 업무처리라든지 분석이라는 역할이 요구되기에 이르러 1990년대의 초두, 리엔지니어링(reengineering)이 미국이나 일본의 기업에서 폭넓게 행하여지게 되었다. 즉 기업 전체의 효율화, 또는 기간업무의 재검토라는 것이 행하여진 셈인데, 거기에 IT의 급격한 발전에 가세하는 형태로 새로운 효율화가 요구되기에 이르렀다. 세계가 네트워크로 이어지게 되었기 때문에, 종래의 업무 시스템이나 프로세스로는 미처 따라잡지 못하게 되어 버린 것이다.

거기서 갑자기 각광을 받기 시작한 것이 CIO(Chief Information Officer)라는 포지션이다. 최고 정보책임자라고 번역되는 이 포지션은, 기업의 동향을 좌우할 만큼 중요하고, 그 중요성은 앞으로 한층 더 강조될 것이라고 이야기되고 있다. 다만 그것은 유럽과 미국에서의 이야기이며, 일본에서는 아직도 거기까지 인식되지 않은 것이 현실이다. 실제로 CIO가 있기는 해도 경영진 속에 들어가지 않고, 어딘가의 부서에 소속하면서 정보관리업무에 종사한다는 경우가 대부분이다.

그러나 지금부터는 CIO라는 포지션이 일본에서도 중요시되는 것은 확실하여, 그 CIO와 어떻게 제휴를 하는가 하는 것도 CFO에게 있어 중요한 과제가 된다.

특히 IT 매니지먼트를 어떻게 할 것인지, IT 투자를 어떻게 할 것인지, 정보의 네트워크를 어떻게 구축할 것인지라는 면은 현재의 최대 중요 과제라고도 할 수 있어, 이 면에서 뒤지면 치명상이 될지도 모른다. 그런 만큼 CIO와의 제휴를 잘 꾀하면서, 이들 문제를 풀어 가고 싶은 바이다.

'사람 · 물건 · 돈'으로부터 '사람 · 물건 · 돈 · IT'로

비즈니스를 둘러싼 환경이 최근 몇 년 사이 크게 양상이 바뀌어 온 가장 큰 원인은 말할 필요도 없이 IT에 의한 정보혁명이다. 그중에서도 특필(特筆)해야 할 일은 인터넷에 의해 불특정 다수의 고객에게 직접 접근할 수 있게 된 것이 비즈니스 환경을 크게 바꾼 최대의 요인이라고 해도 좋을 것이다.

상품이나 서비스를 파는 경우, 지금까지는 페이스 투 페이스 (face to face)가 원칙이었다. 그런데 인터넷이라는 도구가 출현하면서 고객과 얼굴을 맞대지 않고서도 순식간에, 게다가 불특정 다수의 고객과 국경을 넘어 접근할 수 있게 되었으므로 결국 이것은 비즈니스상의 일대혁명이라고 말할 수 있다.

경영자원이라고 하면 지금까지 '사람 · 물건 · 돈'의 3가지를 가리키는 것이 일반적이었다. 즉 우수한 인재와 고성능의 생산설비나 인기상품, 그리고 풍부한 자금을 가지고 있는 기업이 압도적으로 유리하고, 반대로 이 3가지가 없는 기업은 결국 도태되지 않을 수 없었다. 사실 그대로 말하면, 경영자원을 가지지 않은 개미가 풍부한 인재와 생산력과 자금을 자랑하는 코끼리를 넘어뜨리는 일은 100% 무리라고는 말하지 않아도, 거의 불가능에 가까웠다. 그런데 이 3가지 경영자원에 IT라는 도구가 더해짐으로서 정세는 일변하여, 개미가 코끼리를 넘어뜨리는 일도 불가능하다고는 말할 수 없는 시대에 돌입한 것이다.

CFO는 이 부분을 명확하게 인식해 두지 않으면 안 된다. IT가 터무니없이 강력한 무기임을 잊으면 큰 함정에 빠지게 될 것이다. 물론 대기업 중에는 정보 네트워크를 구축하는 등 재빨리 대책을 강구하는 곳도 적지 않다. 그러한 기업은 규모가 더욱 더 커질 것이고, 강해질 것이다. 그러나 대책이 늦어진다면 매우 위험하다. 이미 소(小)가 대(大)를 넘어뜨린다는 역전현상이 도처에서 일어나고 있는 것을 보아도, 그것은 누구의 눈에도 분명할 것이다.

서플라이 체인 매니지먼트

CIO와의 제휴에 관해서 말하면, 최근 여기 저기서 일컬어지게 된 서플라이 체인 매니지먼트를 구축하는 것도 매우 중요하다.

서플라이 체인 매니지먼트란, 수주(受注) → 조달 → 제조 → 출하 → 납품 → 대금의 회수라는 토털 체인을 얼마나 잘 구축해 가는가, 또는 단계를 단순화할 것인가를 주요 과제로 삼고 있어, 말하자면 프로세스에 있어서의 차별화를 꾀하는 것이 그 목적이다.

사실, 이 서플라이 체인 매니지먼트에서도 일본의 기업은 유럽과 미국의 기업에 크게 뒤지고 있어, 이것도 미·일 경제전쟁 패배의 한 요인이라고 여겨지고 있다.

컴퓨터를 인용하여 말하면, 미국의 PC 메이커는 대체로 납품까지의 시간이 대단히 짧다. 게다가 수주로부터 납품까지의 비용이 낮고, 미국제 PC가 일본제 PC에 비해 가격이 싼 이유 가운데 하나는 그러한 곳에 있다고 보아도 틀림없다.

기업은 단순히 제품을 팔면 그것으로 좋다는 것은 아니다. 물론, 매상을 올리면 이익이 따라오는 것이 보통이지만, 지금은 매상보다 이익이 거론되는 시대이다. 그 이익을 확보하려면 판매에 힘을 쏟는 동시에, 수주로부터 대금회수까지의 과정에서 얼마나 손실을 줄여서 저비용을 실현하는가? 또 재고를 항상 적정수준으로 유지할 수 있는가도 매우 중요하여, 그것이 결과적으로 경쟁력이 되어 나타나고 또 마켓 셰어(market share)의 확대에 결부되어 간다.

그것을 실현하는 합리적인 시스템이나 과정 또는 정보 네트워크를 기업 전체에 구축하는 것이 CFO의 역할인데, 현실적으로 CFO 내지는 CFO 본부조직만으로 그것을 완수하기란 꽤 어렵다. 그래서 요구되는 것이 얼마나 CIO와 제휴해 가는가이다.

국경을 넘은 시스템의 구축이 시급하다

서플라이 체인 매니지먼트에 대하여 하나 더 지적해 두지 않으면 안 될 것이 있다. 그것은 글로벌 기업이 증가하는 데에서부터, 국경을 넘은 시스템이나 프로세스를 구축해 가지 않으면 안 된다는 점이다.

가령, 회계 시스템을 예로 든다면, 세계적인 글로벌 기업이라면, 세계 공통의 회계 시스템을 가지고 있어야 마땅하다. 그런데 현재, 계열기업이 있는 해외의 회계 데이터를 흡수하는 방법을 하나의 시스템으로서 성립시킨 기업이 있는가 어떤가? 아는 범위 내에서는, 일본의 기업에서 이것을 하는 곳은 수가 적다. 요컨대 글로벌 기업이라고 칭하고는 있지만, 회계 시스템에 대해 결코 글로벌이 아니고, 현지로부터의 정보 데이터를 받아 그때 그때마다 수정, 다시 계산하여 입력하지 않을 수 없다. 왜 그런 일을 하는가 하면 이유는 간단하다. 기업회계처리, 표시방법의 차이, 계정과목의 불통일 등 일본만의 독자적인 회계기준이 너무 세계 기준으로부터 동떨어져 있기 때문이다.

그 회계처리의 일원화를 이미 몇 년 전에 이루어낸 것이 미국의 기업이다. 아시아든 유럽이든, 지사에서 회계 데이터를 입력하면 미국 본사에 실시간으로 그대로 어카운팅되는 회계 시스템을 훨씬 이전에 도입하고 있었던 것이다. 그러니까 경영 스피드가 빠른 것은 당연하고, 물론 코스트도 다르다. 그것을 생각할 때 일본은 역시 마땅히 경쟁에서 질 만한 이유가 있어서 졌다고밖에 말할 수가 없지만, 그와 같은 일원화 시스템의 구축은 초미(焦眉)의 일이다. 그 때 미국의 기업도 막대한 시간과 비용을 들인 것을 잊어서는 안 된다.

왜 막대한 시간과 비용이 필요했는가 하면, 미국 한 나라만으로 마음대로 시스템을 결정할 수 없었기 때문이다. 세계 각국에는 각각의 회계기준이 있고 상관습(商慣習)이 있다. 그것들을 서로 검토하여, 가장 합리적인 공통 시스템을 만들어 내는 데에는, 담당자끼리 시간을 가지고 착실하게 논의를 거듭해 갈 수밖에 없었다. 이것은 솔직히 꽤 힘든 작업이지만, 실은 그 과정이 사내를 통합해

내는데 매우 소중하며, 이 작업을 빼면 시스템의 일원화는 불가능에 가깝다.

물론, 회계처리에 관한 한, 지금은 어느 나라도 국제회계기준에 준거하는 방향으로 나아가고 있으므로 논의의 여지는 없다. 군소리 없이 이에 준거할 수밖에 없는 현실이지만, 국경을 넘어서 기간업무 시스템 등을 일원화하는 데에는 상상 이상의 노고가 따르게 된다. 나라에 따라 방식이 전혀 다르기 때문이다.

기간업무 시스템을 일원화한다는 것은, 예를 들어 유럽에서 견적서를 보내는 경우든, 아시아에서 견적서를 보내는 경우든 모두 하나의 구조 속에서 데이터를 뽑아, 거기에 근거하여 견적서를 보낸다는 것이다. 그리고 수주하면 그 수주정보가 순식간에 일본이든 유럽이든 제조부문에 전달되어, 거기서부터 나아가서는 배송, 납품, 수금이라는 흐름을 통해 일이 완결된다. 그것이 업무 시스템의 일원화인데, 견적서를 쓰는 법 하나를 보아도 유럽이 다르고 일본이 다르고, 미국과도 다르다. 인프라가 전혀 다르기 때문이다. 특히 일본의 경우, 유럽과 미국에 비교하면 꽤 이질적이고, 이것을 일원화하기란 쉬운 일은 아니다.

그러나 인프라가 차이가 나든 또 다른 무엇이 차이가 나든, 이미 그것을 변명할 수는 없다. 글로벌화는 이제 멈출 수가 없다. 일원화가 진행되어 세계가 더욱 더 작아졌으므로, 일본은 독자적인 시스템을 가지고 있다고 하는 논리는 이미 통하지 않게 되었다. 이 부분이 지금 현재 일본의 글로벌 기업이 고생하는 부분이며, 앞으로도 꽤 고생할 것이다. 하지만 이것은 피해 지나갈 수 없는 길이라고 각오를 하여 임할 수밖에 없다.

다만 세계가 일원화될 방향으로 향하고 있는 것은 틀림없지만, 무턱대고 일원화를 진행시키는 것도 위험하다. 그 이유는 개발비가 너무 많이 들기 때문이며, 기간업무 시스템을 일원화할 경우에는 코스트 퍼포먼스와 대조하면서 진행하는 것이 중요하다.

어쨌든, 일본의 기업도 앞으로 이런 단계를 밟아 가지 않으면 안 되는 것은 확실하다. "Japan as Number 1."이라고 이야기되고 있었을 무렵이라면, 일본의 시스템이 뒤졌을 리가 없다, 일원화 따윈 필요 없다고 퇴짜를 놓을 수 있었다. 그러나 경제경쟁에서 뒤져 글로벌 스탠더드를 받아들이지 않을 수 없게 된 지금, 언제까지나 계속 거부하고 있으면 돌이킬 수 없을 정도로 세계로부터 뒤처져 버릴 것이다.

베스트 프랙티스와 프로세스로
차이를 내라

Chief Financial Officer

베스트 프랙티스란?

미국에서 리엔지니어링 붐이 일어난 것은 1990년대 초인데, 리엔지니어링이라고 하는 것은 어떤 것이었는가, 그 본질은 무엇이었는가 하면, 기업의 정보 프로세스를 개선하여 베스트 프랙티스(best practice)를 수행하기 위한 시스템을 구축하는 일이었다. 그 것을 위해, 매니지먼트가 솔선해서 리더십을 발휘하여 새롭게 구축하려고 하는 시스템에는 창조성이 있는가, 구축한 다음에는 비용감축이 가능한가, 혹은 경쟁 우위성에 서는가라는 관점에서부터 종래의 프로세스를 재고(再考)해 갔던 것이다.

그 때, 미국의 기업이 채용한 독특한 수법으로 벤치마킹이라는 일본에서는 자주 들어보지 못한 수법이 있다. 일본 기업의 경우, 회계 시스템이든 업무 시스템이든, 각각 독자적으로 개발한 프로세스로 하는 곳이 많다. 표준화된 프로세스도 있기는 하지만, 이것을 사용하는 기업은 거의 없다. 시판되는 표준화 프로세스를 사용하면 간단하게 끝나는 데도, 일부러 자금을 투입하여 독자적인 프로세스를 개발하고 있다. 그것을 자기만족이라고 비판할 생각은 없지만, 큰 낭비임은 확실하다.

그것은 따로 하고, 리엔지니어링을 수행함에 있어 미국 기업이 채용했다는 벤치마킹이란 어떤 것인가?

다시 말할 필요도 없이, 어느 기업이나 매입에는 매입의, 제조에는 제조의, 출하에는 출하의 프로세스를 각각 가지고 있다. 그러한 프로세스가 타사의 프로세스와 비교하였을 때 효율적인가 비효율적인가, 효율적이라고 하면 어디가 어떻게 우수한가, 비효율적이라고 하면 어디가 뒤떨어져 있는가, 그것을 확인하여 보다 효율적인 프로세스로 개선하기 위해 경쟁상대에게 물어서 시스템 구축의 노하우를 배우는 것이 벤치마킹이라고 불리는 것이다.

예를 들어 외상 판매금의 회수율(回收率)이 좋다, 재고가 매우 적다는 것으로 평판이 난 회사가 있으면, 담당자가 그 회사에 가서 '어떻게 그 프로세스를 구축했는지 가르쳐 주기 바란다'라고 요청한다. 간단하게 말하면, 타사가 구축한 베스트 프랙티스를 흉내내려고 하는 것이다.

그 벤치마킹을 활용한 결과, 미국의 기업은 외상 판매금의 회수가 빠르다, 자산의 회전이 빠르다, 재고를 조금밖에 가지고 있지 않다라는 것을 실현하여, 세계를 상대로 압도적 우위에 섰던 것이다. 그만큼의 위력이 벤치마킹에는 있다.

다만 타사의 시스템이나 프로세스를 도입한다고 해도, 여기에는 일정한 룰(rule)이 있다.

예를 들어 맨 처음에 서면(書面)으로 요청한다든지, 혹은 논디스클로저(non-disclosure) 계약, 즉 비밀보관유지계약을 체결하여 벤치마킹 과정에서 알 수 있던 비밀정보는 제3자에 흘리지 않는다는 약속을 하고 나서 묻는다든지, 그러한 룰에 근거하여 프로세스를 가르쳐 주는 것이 일반적이다.

그렇게 해서 드디어 가르쳐 준다는 허가가 나오면, 상대를 찾아가서 이야기를 듣게 되는 것인데, 그 때 상대방의 CFO로부터 직접 이야기를 들을 수 있는 경우도 있고, CFO 본부조직의 스태프가 가르쳐 주는 경우도 있다. 또는 양 회사의 CFO 본부조직의 스태프끼

리 마주 앉아 베스트 프랙티스에 대하여 이야기를 주고받는 경우
도 있다.

세계를 상대로 전략을 가다듬는 미국 기업

그처럼 미국에서는 각 기업이 베스트 프랙티스를 실현하기 위하
여 벤치마킹이라는 수법을 도입하고 있는데, 그렇게 해서 어디든
지 베스트 프랙티스를 실현하면 경쟁 우위성은 도대체 어디서 유
지할 수 있는가, 모처럼 자금을 투자하여 개발한 프로세스를 공개
해 버리면 대단한 손해를 입게 되는 것이 아닌가하는 의문을 갖는
사람도 있을 것이다. 확실히, 경쟁상대에게 비밀을 보이다니 쉽게
믿기가 어려운 이야기이다.

이 의문을 미국 기업의 담당자에게 물어보면, 대부분은 다음과
같은 답을 내놓는다. "우리는 세계를 보고 있다." 즉 지금은 세계
를 상대로 하는 대경쟁(大競爭) 시대이고, 미국 내의 경쟁에서 싸
워 이기면 된다는 차원이 아니다, 우리는 언제나 글로벌 시점에서
모든 일을 생각하며, 세계를 상대로 이기기 위해서 베스트 프랙티
스로 비용감축에 노력하고 있다, 그러니까 베스트 프랙티스를 요
구하는 기업이 있으면 언제라도 응하고, 항상 오픈으로 하는 것이

다라는 내용이다.

이 벤치마킹을 일본에서도 적극적으로 도입하면 좋은 것이 아닌가하고 생각되지만, 일본의 경우는 앞에서도 서술한 것처럼 각 기업이 각각 독자적인 프로세스를 고집한 나머지, 사외(社外)에 관심을 가지려고 하지 않는 경향이 강하다. 표준 패키지의 사용률이 낮은 것도 그 이유 때문이며, 염가로 도입할 수 있는 표준 패키지는 거들떠보지도 않고, 막대한 비용을 들여가며 독자적인 프로세스를 만들게 하는 기업이 놀랄 정도로 많다. 전통이 깊은 기업이 독자적인 프로세스에 집착한다면 아직까지는 이해가 되지만, 설립된 지 얼마 안 되는 작은 벤처기업마저도 우위성 혹은 코어 컴퍼턴스(core competence : 경영 내부자원의 한 가지 집적)라고 부르기에는 아직도 먼 프로세스 만들기에 큰돈을 들이고 있으므로 현 시점에서는 벤치마킹의 도입은 꽤 어려울지도 모른다.

자사의 일의 방식, 프로세스에 허비(虛費)가 없는가? 타사와 비교하여 우수한가, 뒤떨어져 있는가? 이러한 일은 통상, 업무를 담당하는 사람이라면 언제나 문제점으로서 의문을 갖는 점이다. 그런데 일본의 경우, 그러한 사람이 극소수밖에 없었다. 아마 노동력의 유동성이 낮기 때문에 타사의 정보가 들어가기 어려웠던 것이 제일 큰 이유로 생각되지만, 이유야 어떻든 생각하지 않으면 안 되는 것은 독자적인 프로세스를 개발하기에는 비용이 매우 비싸게

든다는 점이다. 비용이 비싸지면 당연히 가격경쟁력에서 타사에 뒤지게 되므로 CFO에게 있어서 프로세스의 재검토도 중요한 과제라고 할 수 있다.

어쨌든 허비를 줄여서 자사의 프로세스를 다시 보지 않으면 안 된다. 거기에는 타사와 비교하여 자사의 강한 점, 약한 점을 확인하는 것이 제일 좋다. 앞으로는 역시 벤치마킹의 수법을 활용할 필요가 있을 것이다.

사이클 타임의 단축을 꾀하라

그러면 기업 전체의 프로세스를 개선할 경우, 어디에 주목해야 하는가? 개개의 기업에 의해 사업내용이 다르므로 한마디로는 말할 수 없지만, 당장은 제품의 설계, 제조, 제품의 배송, 그 부분을 다시 보아야 하지 않을까?

특히 중요한 것은 사이클 타임으로 제조에서부터 출하까지의 시간, 즉 고객에게 전해지기까지 어느 정도의 시간이 걸리는가? 이것을 확인하여 가능한 한 사이클 타임을 단축한다. 그것을 위해, 앞에서 서술한 서플라이 체인 매니지먼트라는 것과 같은 시스템을 구축해야 한다. 그것이 생산성의 향상으로 이어지기 때문이다.

한 가지 더 중요한 것이 제품개발 과정, 즉 설계로부터 제품화까지의 기간을 단축하는 일이다. 이에 관해서는, 일본은 계속 빨랐고, 우위성이 있었다. 그러나 지금의 일본은 어떤가 하면, 반드시 우위성이 있다고는 할 수 없다. 미국과 비교하였을 때 매우 늦고, 제품 개발의 스피드 경쟁에서도 뒤져버렸다.

프로세스도, 제품개발도 얼마나 빠른가 하는 것이 키포인트인데, 거기서 도움이 되는 것이 앞에서 서술한 벤치마킹이다. 다만 현 상태로 벤치마킹을 도입하기에는 조금 무리가 있는 것 또한 사실이다.

예를 들어 미국에서는 업종을 불문하고 문의를 할 수 있고, 같은 업계에서 경쟁을 다투는 라이벌에게도 벤치마킹을 요청하는 경우가 있다. 즉 자사보다 우수한 프로세스를 가지고 있는 기업이나 세계 수준의 프로세스를 가지고 있는 기업이라면 거리낌없이 어프로치를 하는 것이다. 한편, 어프로치를 받는 쪽도 오픈되어 있어 프로세스를 숨기려고 하지 않는다.

그처럼 벤치마킹이라는 수법을 일본에 도입하려면 세계를 무대로 한 프로세스의 경쟁에 관심을 가지고 좀더 자사를 오픈해 가는 것이 필요한데, 일본이라는 나라의 특질이라고 해야 할지, 일본인의 특성이라고 해야 할지, 일본의 기업은 대체로 안을 보여주지 않는 경향이 있다. 그러한 폐쇄적인 체질로는, 역시 세계 무대에서는 이길 수 없다. 일본 내에서만 경쟁하는 데에는 벤치마킹 등이 필요 없을지도 모르지만, 지금은 독자적인 프로세스를 구축하여 자기만족에 취해 있는 시대가 아니다.

앞에서 서술한 것처럼, 미국의 기업이 경쟁상대에게도 자사의 프로세스를 오픈하는 경향인 것은, 국내의 경쟁보다 글로벌 경쟁에서 이길 것을 목표로 하기 때문이다. 미국의 기업은 기업 간 경쟁의 승패를 결정할 만큼의 파워가 프로세스에 있다는 것을 알고 있으므로 벤치마킹이라고 하는 일본에서는 생각지도 못한 수법을 짜낸 것이다.

한편, 일본 기업의 전사적(全社的) 프로세스에 관한 인식도는 미국과 비교하여 문제가 되지 않을 정도로 낮았다. 제조기술에는 중대한 관심을 쏟아 왔지만, 서비스라든지 프로세스라든지 구조라고 하는 바에 관해서는 제대로 관심을 가지지 않았다.

간단하게 말하면, 프로세스를 효율화해 보았자 얼마간의 돈도 안 된다, 이익과 결부되지 않는다, 우위에 서지 못한다, 그것보다는 타사가 흉내내지 못하는 기술을 개발하는 편이 득을 본다라는 생각이 지배적이었기 때문이다.

그러한 기술중심, 제조중심주의로 온 결과는 어땠는가 하면, 끔찍한 패배이다. 프로세스로 압도적인 차이가 났기 때문에 경쟁력을 잃어 실지회복이 불가능하다고 생각되는 데까지 내몰린 것이 오늘의 일본의 모습이다.

아니, 차이가 난 것은 프로세스만이 아니다. 높은 기술력을 자랑하는 일본의 제조업은 강하고, 일부에서는 아직도 우위성을 유지하고 있다고 생각되지만, 전체적으로 보면 역전당하였을 가능성이 매우 높다고 말하지 않을 수 없다.

거기서부터 반격해 가려면, 개방적인 형태로 경쟁력을 높여 갈 필요도 있을 것이다. 물론, 개방한다고 해도 제조에 관한 기밀, 신제품 개발에 관한 정보까지 개방할 필요는 없다. 하지만 베스트 프랙티스를 실현하기 위한 프로세스를 가지고 있다면 자꾸자꾸 개방하여 서로 레벨 업을 꾀하자, 개선을 향해 서로 협력하자, 나아가서는 국제 경쟁력을 높여 가자라는 자세가 없어서는 안 될 것이다.

셰어드 서비스와 아웃소싱

글로벌 기업, 대기업 중에는 셰어드 서비스센터라는 구조를 이용하는 곳이 적지 않다. 이 셰어드 서비스센터란, 말하자면 집중관리 시스템을 말하며, 공유하는 일, 공유할 수 있는 일, 중복되는 일을 한 곳에 모아서 운영·관리한다는 구조이다. 즉 지역마다 업무처리 센터를 마련하거나 그룹의 계열사 또는 사업부가 공통되는 일을 한 곳에 모으거나 하는 것인데, 예를 들어 글로벌 기업에서는 미국에 한 곳, 유럽에 한 곳, 아시아에 한 곳 등 각각 경리처리의 거점을 마련하는 곳이 많다.

업무를 여러 군데에 집중하는 목적은 물론 코스트를 삭감하기 위해서, 업무의 스피드업을 꾀하기 위해서이다. 셰어드 서비스를 도입함에 있어서는 업무를 한 곳에 집중하는 편이 분산시켜 두는 것보다도 코스트가 높은가 낮은가, 스피드가 빠른가 늦은가를 분석하여 검토할 필요가 있는데, 일반론으로서는 집중시키는 편이 훨씬 더 메리트가 크다.

그런 만큼, 일본의 기업도 셰어드 서비스의 활용을 고려해야 한다고 생각되지만, 이것 또한 베스트 프랙티스처럼 내켜 하지 않는 기업이 많은 듯 하다. 그 이유 역시, 글로벌 스탠더드로부터 빗나간 프로세스가 너무 많기 때문이며, 여기서도 문화가 다르다, 기업 풍토가 다르다고 하는 구실로 도망치고 싶은 부분이기도 하다. 그러나 언제까지나 도망칠 수 있는 것은 아니며, 도망다니고 있으면 더욱 더 차이가 벌어지기만 한다. 자칫 잘못하면, 아시아의 경제거점이라는 지위를 잃게 될 수도 있다.

예를 들어 일찍이 미국에 한 곳, 유럽에 한 곳, 아시아에 한 곳, 그리고 일본에 한 곳이라는 식으로 전 세계에 4곳의 경리 서비스 센터를 가지고 있던 외자계기업(外資系企業)이 그 후, 일본의 센터를 폐지하여 오스트레일리아의 시드니에 있는 아시아·오스트레일리아 센터로 통합한 적이 있었다. 일본의 산업 인프라 및 프로세스가 글로벌 스탠더드와 너무 동떨어져 있을 뿐만 아니라, 글로벌화가 제대로 진행되지 않았기 때문이다. 프로세스의 차이는 그렇다고 하더라도 언어의 문제, 코스트의 문제, 세금의 문제 등 지나치게 어려운 문제점이 많아서, 마침내 일본을 아시아의 거점으로 할 것을 단념해 버렸던 것이다.

반복이 되지만, 어디까지나 철저하게 효율성을 추구하는 것이 미국의 기업이다. 그들은 비용을 절감하기 위해, 생산성을 올리기 위해서라면 공통의 업무는 국경을 넘어서라도 점진적으로 통합하여 프로세스도 표준화한다. 베스트 프랙티스 실현의 방해가 되는 것이 있으면 주저 없이 잘라 버린다. 그러한 노력을 거듭 쌓은 결과, 세계시장에서 압도적인 경쟁 우위성을 획득하기에 이른 것이다. 일본 기업도 경쟁력의 회복을 바란다면 셰어드 서비스에 대해서도 진지하게 생각할 필요가 있을 것이다.

물론, 일본의 대기업 중에는 중복되는 업무에 관해서는 이미 집중관리 시스템을 도입한 곳이 많다. 인사관계, 급여관계, 또는 연금 등의 복리후생관계, 그리고 경리처리들을 한 곳에 모아 집중적으로 관리하는 기업은 상당수에 이른다고 본다. 그것을 이번에는 지역이라는 각도에서부터 몇 군데에 모은다. 이것을 셰어드 서비스 전개라는 식으로 부르고 있는데, 셰어드 서비스센터가 일본 내에 한정된다면 어려움은 그다지 없을지도 모른다. 그러나 국경을 넘어서 서비스센터를 설치하게 되면 커뮤니케이션의 문제, 통화의 문제, 또 세무제도의 문제 등 얼마든지 해결해야 할 과제와 직면하게 된다.

그것들을 해결하는 것은 쉽지 않다. 그러나 셰어드 서비스의 메리트가 헤아릴 수 없이 많음을 생각하면, 다소의 어려움은 있어도 바꿔야 할 것이다. 적어도 기업풍토의 차이나 문화의 차이로 도망치는 일만은 피하고 싶은 바이다.

관리능력이 요구되는 아웃소싱

하나 더, 조속히 해야 할 필요가 있는 것이 아웃소싱, 즉 업무의 외부위탁이다. 노동집약적인 단순업무는 외부에 위탁하고, 남은 노동력으로 부가가치가 높은 일, 예를 들어 경영의 의사결정에 관련되는 업무나 신제품의 개발이나 판매 루트의 개척 등에 에너지를 집중시키자라는 이 아웃소싱을 이미 급여계산 등의 단순한 업무 또는 사무 과정의 시스템화 등 인건비 부담을 줄이는 목적으로 도입하는 기업은 많다.

그러나 안이하게 아웃소싱을 도입하면 오히려 비용이 비싸게 드는 가능성이 있으므로 주의해야 한다. 왜냐하면 아웃소싱에는 관리능력이 필요한데, 단순업무이니 외부에 위탁하면 그것으로 OK, 공통업무이니 한 곳에 모으면 그것으로 OK라는 것은 결코 아니다. 외부에 위탁하거나 한 곳에 집중한 뒤 얼마나 제대로 관리를 할 수 있는가 없는가, 또는 지원을 할 수 있는가 없는가가 중요하며, 그 기술이 사내에 없으면 비용 삭감을 목적으로 도입한 것이 오히려 비용이 비싸게 드는 경우도 생각할 수 있다.

아웃소싱이라고 하면, 앞에서 서술한 것처럼 사무처리 등의 단순업무를 외부에 위탁하는 것이 고작이었다. 그런데 앞으로의 경향으로서 전문성이 높은 고도의 기술이나 제조부문까지 아웃소싱해 간다라는 것도 생각할 수 있다. 이에 관해서는 이미 시행하는 기업이 있다. 그 대표적인 부문이 게임소프트 회사이며, 핵심업무여야 할 소프트 개발까지 아웃소스로 조달하고 그 만큼 본사의 인건비를 삭감하는, 이른바 경량경영(輕量經營)에 철저하여 이익을 내는 곳도 적지 않다.

그처럼 아웃소싱은 잘 활용하면 기업의 체질 강화에 유용하게 쓸 수 있지만, IT화가 더욱 더 진전하는 앞으로의 시대, 그 위력은 한층 더 높아지리라고 생각된다. 그런 만큼 아웃소싱을 활용하지 않을 수 없고, 아웃소스(out source)하면 비용을 삭감할 수 있는 부문이나 부서는 없는가 기업 전체에서 다시 바라보아야 할 것이다.

그 하나로서 회계처리를 아웃소싱할 것을 생각해 보면 어떨까? 지금 현재 경리, 회계 처리를 세무사나 회계사에게 위탁하는 기업도 많다. 하지만 그 대부분이 중소기업이며, 대기업이 하는 경우는 매우 적다. 특히 매상 1,000억 엔 이상을 자랑하는 대기업이 되면 거의 하지 않는다. 기밀사항이 많다든지, 여러 가지로 개방으로 할 수 없는 이유가 있겠지만, 그래도 아웃소싱을 단행해 인건비를 삭감하여 수익성을 높인 기업도 있다. 물론, 미국에서의 이야기이지만, 여기서는 한 번 선례를 본받아 회계처리 전반을 아웃소싱할 것을 검토해 보고 싶은 바이다.

뭐든지 자기부담주의, 일본 특유의 계열·수직통합형 조직의 틀에서의 사업전개로부터 좀더 개방적인 발상으로. 이것이 일본 기업 재생의 키워드가 될지 모른다.

제5장

닛산 리바이벌 플랜에서
배우는 CFO의 역할

닛산 리바이벌 플랜

Chief Financial Officer

닛산 리바이벌 플랜

제5장에서는 닛산 자동차의 '닛산 리바이벌 플랜'을 케이스 스터디로서 채택하여 닛산 자동차가 어떻게 만성적 적자체질을 바꾸어 기적적으로 회생했는가, 그리고 닛산은 지금 어떠한 경영원칙에 근거하면서 새로운 발전을 목표로 하고 있는가라는 데에 초점을 맞추면서 CFO의 구체적인 역할을 생각해 보고자 한다.

아는 대로, 닛산 자동차가 장기 저락경향(低落傾向)에 종지부를 찍기 위하여 프랑스의 르노사와의 제휴를 단행했던 것이 1999년 3월의 일이다. 그리고 같은 해 6월에 '카를로스 곤' 씨가 COO로 취임했고 불과 4개월 후인 1999년 10월에 곤 씨가 중심이 되어 책정한 대대적인 구조조정책 '닛산 리바이벌 플랜'을 발표하여 세상을 놀라게 만든 것은 기억에 새롭다.

그 '닛산 리바이벌 플랜'의 골자는 다음과 같다.

1. 국내 생산능력의 30% 삭감
· 2001년 3월 말까지 무라야마 공장, 닛산 차체 교토 공장, 아이치 기계항 공장을 폐쇄
· 2002년 3월 말까지 구리하마 공장, 규슈 엔진 공장을 폐쇄
2. 국내 판매망의 재편
· 직영 딜러(dealer) 수의 20% 감원
· 계열 영업소의 10% 축소
3. 전 세계의 14만 8천 명의 종업원 중 2만 1천 명을 감원
4. 보유주식의 매각 촉진
5. 1145사의 부품, 자재구입 메이커를 600사 이하로 축소
6. 실적중시형 평가제도의 2000년 도입

이 극적인 개혁안을 눈앞에 둔 매스컴은 예외 없이 회의적이라기보다 오히려 부정적인 논조를 펼쳤다. 그런데 다음 2000년도에 전년도 6,840억 엔의 적자로부터 4년 만에 흑자로 전환했을 뿐만 아니라, 사상최고의 3,310억 엔의 순이익을 올린 데에서부터 '닛산 리바이벌 플랜'에 '회의적' 시각을 보여온 매스컴도 '곤 매직'이라고 예찬조로 바꾸었다. 이것을 계기로 비즈니스계에 '곤 붐'이 일어난 것은 기억에 새로운데, 이다지도 극적인 구조조정책은 보통 수준의 결의나 노력을 가지고는 달성할 수 있는 것은 아니다.

이에 관해서 곤 씨는, "재건(再建)을 목표로 함에 있어 명확한 목표를 제시함과 동시에, 그것을 잘 설명하여 이해시키는 것이 필요하다."라고 하여 ① 2000년도에 흑자로 전환한다, ② 2002년도에는 차입금(판매금융을 제외)을 절반인 7,000억 엔으로 한다, ③ 판매의 성장을 연 4.5%로 한다라는 3가지 목표를 내걸어 "이 중 1가지라도 달성할 수 없으면 경영진 전원이 사임한다."라고 약속했다고 전해진다.

그 만큼의 각오가 있었기 때문에 대대적인 구조조정책 '닛산 리바이벌 플랜'도 성공을 거둘 수가 있었을 것인데, 실은 또 한 사람, '닛산 리바이벌 플랜'을 성공으로 이끈 인물이 있다. 닛산의 현 부사장이며 CFO이기도 한 '티에리 무론게' 씨이다.

무론게 씨는 이번에 영국의 경제잡지 출판 이코노미스트 그룹이 발행하는 'CFO 아시아'와 프라이스 워터 하우스·쿠퍼스가 주최하는 '2002년도 아시아 최우수 CFO'로 선택되는 등, 일본뿐만 아니라 세계에서 지금 가장 주목받는 CFO의 한 사람이다.

그 무론게 씨가 르노를 거쳐 닛산 자동차의 이사로 취임한 것은 1999년 6월. 그 다음 2000년 6월에는 부사장겸 CFO로 취임하여, 때를 같이 해 시작된 '닛산 리바이벌 플랜'을 사장(CEO)으로 승격한 곤 씨와 함께 추진해 왔다. 그 결과, 앞에서 서술한 것과 같은 경이적 성과를 올렸던 것인데, 이에 대하여 무론게 씨는 "no secret, no magic"이라고 말할 뿐이다. 즉 "아무것도 이상한 것은 없다. 다만 원리원칙에 따랐을 뿐이다."라고 말한다.

그러면 '닛산 리바이벌 플랜'을 성공으로 이끈 원리원칙이란 도대체 무엇인가? 무론게 씨에 의하면 그것은, 다음의 6가지 원칙이라고 한다.

1. Profit criteria back at the center of the decision process

2. Global and cross functional management

3. Empowering people and rewarding performance

4. Shifting resources to core business

5. For stakeholders, commitments on financial targets and on transparency of the information

6. Systematic leverage of the Alliance with Renault

영문자로 표현된 이 6가지 원칙이란, 구체적으로 어떠한 내용인가? 우리로서는 꼭 알고 싶은 바였는데, 다행히 무론게 씨는 2002년 2월 6일에 개최된 '제1회 CFO 포럼 재팬 2002'에서 이 6가지 원칙에 대하여 강연하였다.

그래서 무론게 씨가 이 때 말한 내용을 그대로 다시 기록하여, '닛산 리바이벌 플랜' 추진에 대한 경리 · 재무부문의 역할 및 CFO의 본연의 자세에 대하여 배워 보고자 한다.

닛산을 회생 시킨 6가지 원칙

이익이 나오는가?

그러면 첫 번째의 원칙(Profit criteria back at the center of the decision process)으로부터 시작하겠습니다.

이것은 어떤 의미에서는 매우 기본적이고 또한 몹시 중요한 원칙입니다. 즉 의사결정을 하는 데에는 어디까지나 이익이 나오는가 어떤가라는 점이 그 판단기준의 핵심이라는 원칙입니다. 르노와의 제휴가 체결될 때까지 오랜 세월에 걸쳐 손실이 발생하고 있던 닛산에 있어, 이것은 어느 의미에서 새로운 원칙이기도 했습니다. 매우 단순한 경영원칙을 낳았던 셈이며, 즉 새로운 차량을 개발하는데는 우선 그 차량사업의 진정한 현재 가치가 할인율 14%에서도 과연 플러스가 될 수 있을지 어떨지, 또 중기적인 경제환경으로서 우선 환율이 1달러에 대해서, 그리고 1유로에 대해서 100엔이라는 환경하에서도 흑자를 낼 수 있는가 어떤가라는 매우 엄격한 환경을 전제로 한 다음에 판단기준이 제정되었습니다. 새로운 상품이 만들어지기까지 이 만큼의 것을 만족하지 않으면 안 된다는 데까지 몰아 갔습니다.

크로스 펑크셔널 매니지먼트

두 번째의 원칙, 이것은 글로벌 하고 크로스 펑크셔널 매니지먼트(Global cross functional management)를 행한다는 것입니다. 크로스 펑크셔널이란, 분야횡단적(分野橫斷的)인 매니지먼트를 행한다는 것입니다. 아시는 바일지도 모릅니다만, 지금까지 세계적으로 다양한 형태로 사업이 분산되던 닛산의 매니지먼트를 진정한 의미의 글로벌 하고 크로스 기능적인 것으로 일체화하지 않으면 안 되었던 것입니다.

이것이 닛산 리바이벌 플랜의 한 가지 큰 특징입니다. 즉 연구개발이든 구매든, 금융이든, 또 그 밖의 면에 있어서도 어디까지나 글로벌에, 그리고 일체화한다, 나아가 책임을 한 곳에 모은다는 체제 만들기를 행하였습니다.

또, 크로스 펑크셔널, 이것은 분야횡단적이라는 의미입니다. 그러나 여기서는 다양한 다른 기능에 있어서도 같은 정보를 공유하여 의사결정 단계를 공유한다는 것을 실행한 셈입니다.

권한의 이양과 보수체계

세 번째의 원칙(Empowering people and rewarding performance)입니다만, 이것은 사람들에게 권한의 이양을 행하여, 그리고 뛰어난 퍼포먼스에 대해서는 보답한다는 원칙입니다. 이것을 위해서는 우선 견실한 보수체계를 도입한다는 것, 그리고 스톡옵션을 도입한다는 것을 행하고 있습니다. 닛산에 있어서의 다양한 사업에 대해, 그 퍼포먼스에 대한 보답을 제시한다는 것이 그 전제가 되어 있습니다.

이 제도의 토대로서 우선 각 회계연도의 처음에 목표를 설정하여 거기에 커밋(commit, 위탁)을 한다는 것부터 시작됩니다. 이것은 중견간부 이상에 해당되는 것으로 되어 있습니다. 그렇게 함으로써 회사, 기업으로서의 퍼포먼스가 각 개인의 커밋, 그리고 각 개인의 노력과 잘 합치하여 담보된다는 점을 노리고 있습니다.

그런데 이 커밋이란 모든 사원이 각각 어떠한 형태로 기여해야 하는가를 구체화한 것입니다. 한편 목표란 과연 달성할 수가 있을지 어떨지, 회계연도의 첫머리에서는 자신이 없지만, 어쨌든 지향하는 노력목표로서 달성하는 것입니다.

예를 들어 내가 담당하는 경리 · 재무부문입니다만, 작년에 내가 제시한 커밋먼트(commitment)가 무엇인가 하면, '금융관련 코스트를 300억 엔까지 경감한다', 이것이 커밋먼트였습니다. 그러면 목표는 무엇이었는가? 이것은 '250억 엔까지 경감한다'라는 것입니다. 커밋이란 곧 사장이 기대하는 내용입니다. 목표란, 그것을 한층 더 펼쳐서 달성되도록 노력해야 할 목표라는 식으로 이해해 주셨으면 합니다.

그러면 거기에 대한 보수체계가 어떻게 되어 있는가? 이것은 그 목표, 커밋과 매우 깊이 관련됩니다. 왜냐하면, 보수체계의 일부는 과연 커밋에 대해서 달성했는가 어떤가에 의해 결정하는 부분이 있습니다. 따라서 이 부분에 대해서는 만약 커밋먼트를 이룰 수가 없으면 전혀 아무것도 나오지 않는다, 또 보수체계 속에는 목표를 이루었는가 어떤가? 거기에 직접 좌우되는 부분도 있습니다.

경영자원의 집중

그러면 네 번째 원칙(Shifting resources to core business)은 코어 비즈니스에 경영자원을 집중한다, 시프트한다는 것입니다. 닛산 리바이벌 플랜에 있어서의 한 가지 큰 기둥이 되었던 것이, 모든 재무적인 리소스(resource), 자원을 폐사(弊社)의 코어 비즈니스인 신차 개발에 돌리려고 하는 것이었습니다. 즉 매우 견실한 자산매각 플랜을 세우지 않으면 안 된다는 것이었습니다.

덕분에 다양한 증권이라든지 부동산, 또 몇 개의 제휴사에 대한 출자관계들을 모두 정리해서 2년 6개월 만에 5,000억 엔의 현금을 만들 수 있었습니다. 그렇게 함으로써 부채를 경감하여 신차 개발이라는 코어 비즈니스에 많은 자원을 배분하는 일이 이루어진 것입니다.

스테이크홀더와의 관계

다섯 번째의 원칙(For stakeholders, commitments on financial targets and on transparency of the information)은 폐사의 스테이크홀더(stakeholder)에 대해서 우선 재무적인 목표를 제시하여 거기에 대해 커밋한다는 것, 그리고 정보제공의 투명성을 향상시킨다는 원칙입니다.

이것도 몹시 중요한 원칙이라고 생각하고 있습니다. 역시 애널리스트, 투자가, 그리고 펀드매니저 및 서플라이어(supplier)라는 저희 파트너나 금융계의 분들에 대해서 신뢰를 쌓기 위해서 역시 이원칙이 몹시 중요하다고 생각하고 있습니다. 따라서 이러한 스테이크홀더에 대해서 폐사가 지금부터 어디를 목표로 하려고 하느냐하는 지도와 같은 것을 제시하는 셈입니다. 즉 우리가 가지고 있는 정보와 동일한 정도의 정보를 이러한 분들에게 제공하여 그것을 공유한다는 것을 발판으로 삼고, 과연 폐사가 내건 목표를 이룰 수 있는가 어떤가라는 점을 평가해 주시도록 하는 일입니다.

또, 금융업계의 분들에 대해, 폐사의 커밋을 제대로 제시하는 일, 그렇게 함으로써 그 목표를 이룰 수 있는가 어떤가라는 평가를 받았으면 하고 바라고 있습니다. 다행히도 현재 폐사는 그 재무적인 목표에 대해서는 달성한 상태입니다.

르노와의 제휴를 최대한 활용

여섯 번째의 원칙(Systematic leverage of the Alliance with Renault). 이것은 르노와의 제휴를 한 가지 지렛대로서 최대한 활용한다고 하는 것으로 닛산으로서는 르노와의 사이에 기능 면에서 매우 좋은 보완관계가 있어 경쟁상에서도 매우 우위로 작용하게 된 셈입니다.

　예를 들어 닛산은 제조 면, 그리고 개발 면에서 몹시 우수합니다. 한편 르노는 코스트 관리, 그리고 디자인 및 마케팅상에서 매우 뛰어난 능력을 가지고 있어, 쌍방이 가진 베스트 프랙티스를 맞춘다는 것이 제휴에 의해 가능해졌습니다. 또 하나는, 르노와 닛산을 합치면 역시 차를 500만 대 생산하고 있다는 것이 되어, 글로벌에 스케일 메리트를 살릴 수도 있었습니다. 그런데 자료에서는 '닛산 리바이벌 플랜'이 노리는 곳을, 이러한 차트로 간단하게 정리해 보았습니다. '닛산 리바이벌 플랜'은, 우선 세계에서의 닛산의 코스트 면에서의 경쟁력을 대폭 개선하기 위한 노력(Competitive Cost base), 동시에 역시 새로운 매력적인 상품(Attractive brand)을 도입함으로써 닛산이라는 브랜드를 다시 한 번 리바이벌한다, 즉 활성화시키고 어디까지나 실적 중시의 시스템으로 최대한의 힘을 꺼내려고 하는(Performance based management) 것, 이들 요소가 합체한 것이 '닛산 리바이벌 플랜'입니다.

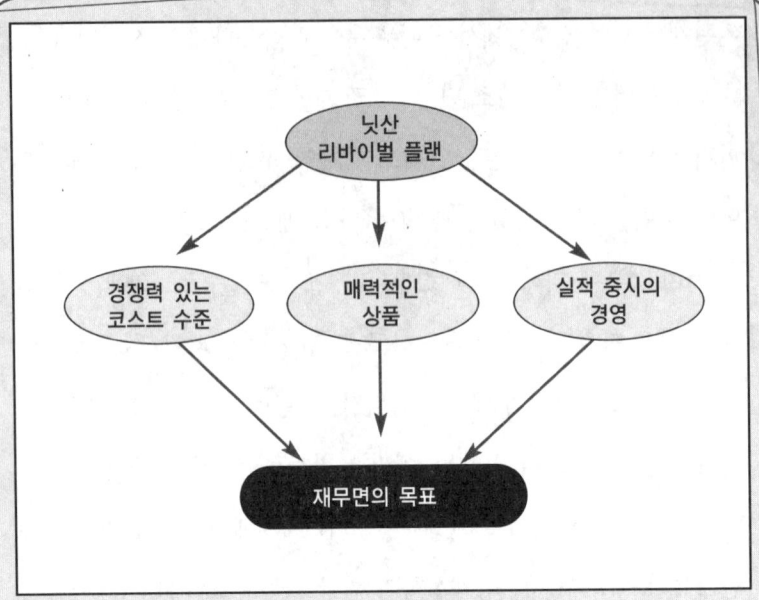

【닛산 리바이벌 플랜의 목적】

2년이 지난 닛산의 상황과 경리·재무부문의 공헌

닛산의 현황

 자, 다음에, 3년 가깝게 지난 현재의 그 상황을 소개하고자 합니다. 이것은 대충 말씀드리겠습니다. 그 이유도, 이러한 성과를 내는데 재무부문이 어떠한 공헌을 했는가 하는 쪽이, 아마 여기에 계시는 여러분에게 있어서는 보다 더 큰 관심사라고 생각되기 때문입니다.

첫 번째는 비용 삭감. 구매 비용이 20%나 삭감되었습니다. 당초 예정하고 있던 3년이 아니라, 2년 만에 이와 같이 대폭적인 비용 삭감을 실현할 수 있다는 것을 발표할 수 있었습니다. 스피드가 얼마나 중요한가 하는 한 가지 현상입니다. 또 신상품으로서는 2년에 12가지 모델을 도입하게 됩니다. 이것은 닛산의 역사 중에서도 최대의 신상품 수입니다. 한편에서는 구조조정을 진행하고 있습니다. 그러나 장래의 성장을 위한 준비, 그리고 토대 만들기와 상반하는 일이 없도록 이와 같이 부심하고 있습니다.

그리고 그 다음입니다만, 새로운 프로세스의 일환으로서 이른바 수익 가이드, 이익 가이드라는 것을 도입했습니다. 이것은 회계부문, 재무부문이 회사 전체에 대해서 제공한 새로운 도구입니다. 닛산이 사업을 전개하는 모든 지역 및 제공하는 모든 상품에 대해서는, 말하자면 한 가지 가이드라인이 되는 연결영업이익이라는 것을 여기서는 항상 염두에 두고 있습니다. 즉 어디까지나 그룹 전체의 연결영업이익에 어느 정도 공헌할 수 있는가 하는 것을 각 지역과 각 상품에 있어서 생각하고 있습니다.

다음으로 '프로그램 디렉터'에 대해서입니다만, 이것은 새롭게 설정한 매우 중요한 것입니다. 프로그램 디렉터는, 폐사의 이그제크테브 커미티(executive committee)에 대해서, 자신이 담당하는 각 프로그램이 어느 정도의 이익을 낳는지 그 책임을 담당하는 존재입니다.

다음에, '글로벌 현금 매니지먼트' 입니다만, 이것도 닛산에 있어서는 새로운 시스템이 되었습니다. 여기서는 매우 극적인 형태로 닛산에 있어서의 펀드 및 현금 매니지먼트의 시스템을 간소화하여 네트에서 어떠한 자금의 흐름이 되어 있는지, 글로벌로 파악하려는 시도의 일환입니다. 또 동시에 세계적 레벨로 거래를 하는 은행의 수도 대폭 줄여서, 지금은 글로벌로 보아 코어 뱅크인 은행은 12은행입니다.

은행 선택의 기준으로서는, 우선 첫 번째는 글로벌한 보상 범위(coverage)를 가진 은행이라는 것, 두 번째는 서비스의 코스트 및 품질 면에서 우수하다는 것, 그리고 세 번째 역시 그 은행 자체가 재무적으로 매우 건전하다는 점입니다. 보다 구체적으로 말씀드리면, 12은행 중 3개가 일본계, 2개가 미국계, 나머지의 7개가 유럽계 은행입니다. 이 중에서 글로벌 현금 매니지먼트의 파트너 은행이 'JP 모건 체이스' 입니다. 일본에서 행하는 경우에는 후지은행(현 미즈호 코퍼레이트 은행)이 그 지원을 함께 해주고 있습니다. 북미 시장에서는 JP 모건 체이스가 단독으로 행하고 있습니다. 그리고 유럽에서 글로벌 현금 매니지먼트를 행할 경우에는, 내부의 은행으로서 존재하는 르노 뱅크가 담당해 주고 있습니다.

또 네팅(netting)에 관해서는, 닛산과 그리고 JP 모건의 관계를 바탕으로 행하고 있습니다.

이어서, 이익향상의 일환으로서 연결 베이스의 영업이익의 개선 (Consolidated operating profit improvement)이라는 것을 꾀하고 있습니다. 덕분에 1년째의 상반기에서 영업 이익률은 6.3%에까지 향상했습니다. 1999년도는 1.5%이었습니다.

또, 부채 삭감 이것도 '닛산 리바이벌 플랜'의 열쇠가 되는 목표 중의 하나였습니다. 실은 르노와의 제휴 전에, 닛산의 자동차 관련 사업에 있어서의 연결 유이자부채는 21조 엔 가까이 있었습니다. 그런데 이것이 지금 7,000억 엔까지 내려갔으므로, 불과 3년 만에 거의 1/3까지 경감할 수 있었습니다. 여기에는 르노로부터의 자본 유입이라는 것이 있었습니다만, 그것과 동시에 논코어의 자산매각 및 기업의 이익체질이 향상했다는 것에 의해 이러한 삭감을 할 수 있었습니다.

또 르노와의 시너지 상승효과를 양성한다고 하는 점(The building up of synergies with Renault)입니다. 여기에 몇 가지 사례를 소개하고 있듯이, 저희는 모든 분야에 있어 매우 신속하게 대응하는 곳입니다. 또 르노와의 제휴입니다만, 이것은 매우 독특한 방식이었다고 생각합니다. 합병이 아니라, 르노와 닛산 쌍방이 가진 매우 좋은 점을 조합한 제휴관계입니다. 또, 매우 현실적인 교섭 방법을 채택하고 있어서, 예를 들어 2개를 조합하는 편이 좋다고 할 경우라면 양 회사 공동으로 합니다만, 따로따로 하는 편이 좋다는 경우에는 그렇게 하고 있습니다. 최종적으로 중요한 것은 브랜드의 아이덴티티는 닛산과 르노에서 각각 별개로 행하면서, 세계적으로 쌍방을 확장시킬 수 있도록, 그리고 성장할 수 있도록 최대한의 효과를 내고자 하는 것입니다.

경리·재무부문의 역할

자, 그러면 이러한 프로세스에 대해서 재무·경리부문이 어떠한 형태로 공헌할 수 있었는가(The contribution of Finance department)를 소개하고자 합니다. 우선 최초로 주장하고 싶은 바는, 이러한 형태로 공헌하려면 우선 경리·재무부문으로서 제출하는 숫자에 대한 신뢰성이 없으면 안 된다는 것이며, 이 점을 강하게 강조하고 싶습니다. 경리·재무부문이란 세계적인 활동의 결과로서 다양한 숫자를 제출하게 됩니다. 그리고 그 숫자란, 예를 들어 의사결정에도 활용됩니다. 또 기업의 실적발표로서 금융계에 대한 다양한 정보전달의 토대가 되기도 합니다.

따라서 회사의 퍼포먼스와 경리·재무부문이 제시하는 숫자는 밀접하게 관련하게 됩니다. 회사로서는 견실한 의사결정을 하기 위해서는 신뢰할 수 있는 숫자가 필요해지고, 또 시장에서 회사에 대한 신뢰를 거두는데도 필요합니다. 따라서 신뢰할 수 있는 숫자인가 아닌가, 이것은 경리 · 재무부문의 기능으로서 몹시 중요한 요소입니다.

흔히 경리 · 재무부문이란 여러 부서에서 압력을 받고, 빨리 숫자를 내라고 재촉 당합니다. 그러나 나는 동료 스태프에 대해서 이와 같이 말합니다. "비록 어떠한 압력이 가해졌다고 해도, 압력이 내려왔다고 해도, 견실하고 신뢰할 수 있는 숫자가 아니면 내서는 안 된다."라고. 즉 보다 견실하고 정확한 숫자를 내기 위해서 좀더 시간을 들였다고 해도, 체크가 신뢰할 수 없는 숫자를 내는 것보다는 낫다라고. "만약 신뢰할 수 없는 숫자를 내 버린다면, 그것은 경리 · 재무부문이 멸종할 때다."라고 나는 주장하고 싶습니다.

글로벌한 재무기능

재무부문, 경리부문은 그 밖의 부문 · 기능처럼 현재, 글로벌한 형태로 운영되고 있습니다(The building of a global financial function). 따라서 르노와 같이 세계적인 형태로 의사결정을 할 경우에는, 본부가 있는 도쿄를 중심으로 모두 글로벌한 형태로 의사결정이 되는 것입니다. 유럽 그리고 미국담당의 재무기능이라고 하여 한 사람씩 지역담당을 두고는 있습니다만, 그 밖에는 글로벌로 담당하는 컨트롤러라는 형태로 하고 있습니다.

실은, 지금까지 닛산은 뉴욕과 런던에 이른바 재무실(財務室)이라는 사무빌딩을 짓고 있었습니다만, 이것 모두 부가가치가 없고 허비의 존재라는 판단으로 폐쇄했습니다. 따라서 현재는 어디까지나 재무는 글로벌한 형태로 운영하고 있습니다. 그리고 그 결과, 이전과 비교하여 보다 효율성 있게 매니지먼트할 수가 있게 되었습니다.

현금 매니지먼트 시스템

다음으로 현금 매니지먼트 시스템을 개발하는 것(The developing of cash management system). 이것은 이미 언급하였듯이, 글로벌한 형태로 현금 매니지먼트를 행한다고 하는 것으로 이것도 몹시 중요하다고 생각하고 있습니다. 즉 다양한 자금흐름의 네팅을 행함으로써, 자금 상황을 정확하게 파악하고 그렇게 함으로써 부외(部外)와의 다양한 거래와 조달의 필요성을 삭감할 수 있습니다. 이것이 효율성 있는 현금 매니지먼트가 가져오는 메리트 중의 하나라고 생각합니다. 부외자(部外者), 사외(社外)와의 거래의 필요성이 줄어든다는 것은 그 거래의 건수도 줄어들어 그 만큼 비용도 삭감할 수 있다는 메리트가 생겨납니다.

현금흐름 예측

이것도 닛산에 있어서는 새로운 도구라고 할 수 있는 것입니다만, 매월, 이른바 현금흐름을 예측하고 있습니다(The monitoring of the cash flow forecast). 이것은 폐사에 있어서 자본조달, 그리고 파이낸싱 전략의 일환으로서 몹시 중요한 모니터링용의 도구가 되어 있습니다. 그룹 전반에 걸쳐서 다양한 정보 네트워크를 정비하여, 예를 들어 어느 분야에서, 어느 부문에서, 어떠한 운용자본상의 수요가 있는가, 설비투자용의 수요가 있는가라는 것을 항상 보완할 수 있습니다. 그렇게 함으로써 자본조달 — 단기적, 그리고 중기적인 자본조달, 펀딩 전략을 최적화할 수 있습니다.

정보의 일원화

하나 더, 이것은 1999년 말, 저희가 닛산의 경영에 종사하게 되고 나서 활용하고 있는 매우 중요한 프로그램입니다. 그러나 저희는 새로운 보고 제도, 그리고 정보의 일원화 제도를 재구축하기 위하여 그룹 전체가 동일한 소프트를 활용하여 동일한 보고기준을 활용하고 동일한 회계기준을 활용한다는 것을 행하고 있습니다 (Operational support to operations including new reporting and consolidation scheme).

경영자원의 배분

그 다음이, 다양한 경영자원을 보다 잘 배분한다는 것입니다 (Contributing to a better allocation of resources). 방금 전의 프로핏 가이드(profit guide), 이익 가이드에 대해 나는 언급했습니다. 또 하나 저희가 지표로서 도입했던 것이 ROIC. 이것은 투자자본에 대한 수익률이라는 것입니다. 그러나 저희는 영업이익 / 실질 자동차 관련 사업 자산이라는 식으로, 이 비율을 채택하고 있습니다. 매우 단순한 형태로 되어 있습니다.

이것을 활용함으로써 경영진으로서도 보다 견실한 퍼포먼스의 예측을 하고 밸런스시트 지향형의 매니지먼트를 할 수 있게 됩니다. 이렇게 함으로써 설비투자도 최적화할 수 있고, 또 운용자본상의 수요도 보다 경감할 수가 있습니다. 따라서 통상 자주 사용되고 있는 연결영업이익처럼 매우 유익한 지표라고 말할 수 있을 것입니다.

새로운 예산편성 시스템

또 하나, 저희는 매우 중요한 변혁으로서 새로운 예산편성 프로세스를 도입했습니다(Development of three axis budget process). 여기서는 3가지 거대 시점으로부터 일관성을 가지면서 예산을 편성하자고 하는 것으로, 다음과 같은 일을 행하고 있습니다.

우선 각 차량의 이익을 창출하는 것을 그 책임범위로 삼는 프로그램 디렉터로부터의 인풋(input). 또 하나는, 코스트 센터(cost center)로 된 다양한 글로벌한 기능, 펑션으로부터의 다양한 정보나 아이디어. 또 하나는, 수익 창출의 책임을 담당하는 각 지역으로부터의 다양한 아이디어. 이러한 3가지 기둥으로부터 예산편성을 하고 있습니다.

덧붙여서, 지역이라고 말씀드렸습니다만, 닛산에서는 4개의 중요한 지역을 가지고 있어 일본, 북미, 유럽, 그리고 그 밖의 일반 해외시장이라는 식으로 되어 있습니다. 이러한 3가지 어프로치를 맞춤으로써, 저희는 가장 최적의 형태로 예산편성을 할 수 있고, 그렇게 편성된 예산이 방금 전에 소개 드린 것과 같은, 우리가 제시하는 커밋과 목표의 토대가 되어 있습니다.

자산매각과 금융 코스트 삭감

또, 재무부문이 어떠한 형태로 기업에 공헌할 수 있는가 하면, 예를 들어 폐사의 경우에는 그 업적 향상의 일환으로서 논코어의 자산매각을 실행해왔습니다(Directly contributing to the completion of NRP financial commitments). 이것도 매우 큰 공헌을 하고 있습니다. 예를 들어 자본조달 코스트, 그리고 그 밖의 금융거래 관련의 코스트를 최적화함으로써 기업의 실적에 크게 기여할 수도 있습니다.

폐사의 예로 말씀드리면, 1999년도에 저희의 금융 코스트는 800억 엔이 들었습니다만, 2001년도에는 이 숫자는 300억 엔으로 경감될 예정입니다.

새로운 능력의 육성

또 닛산에서는 새로운 능력을 육성하려고 하고 있습니다(Development of new competences like risk management and asset management). 이것은 위기관리와 관계되는 능력입니다.

실은, 재무부문의 일환으로서 글로벌한 형태로 리스크 관리를 행하는 기능이 하나 있습니다. 여기서는 닛산이 직면한 비즈니스상의, 그리고 금융 면에서의 리스크를 항상 특정하고 있습니다. 그리고 특정된 리스크에 대해서 어떠한 형태로 반응하면 좋은가, 그 방침을 세운다는 책임을 담당하고 있습니다.

또, 저희 재무부문의 일환으로 부동산 부문이 있습니다. 그러나 그들 책임분야의 연장이라고도 할 수 있는 것이, 이른바 자산운용 이라고 하는 것입니다. 즉 이 부문에서는 글로벌 형태로 폐사가 소유하는 다양한 자산을 현재 운용하고 있습니다. 그리고 예를 들어 그 기업 관련의 자산, 그리고 부동산 관련자산 등 모든 것을 운용하여 과연 폐사의 밸런스 시트에 그것을 자산으로서 계상하는 것이 좋은가 어떤가, 최적의 밸런스 시트의 포트폴리오는 무엇인가라는 것을 항상 체크하고 있습니다. 이러한 운용을 한 결과, 부가가치가 없는 자산이 많이 포함되어 있다는 것이 판명되어서, 이것을 매각 내지는 정리하는 방법으로 최적화를 진행하고 있습니다.

이 부문이 담당하는 또 하나의 기능으로서는, 이른바 IR관계가 있습니다. 폐사에서는 세 명의 전임 스태프로부터 구성되는 팀을 IR의 분야에서 형성했습니다. 역시 이러한 팀의 사람이 세계적인 형태로, 예를 들어 애널리스트라든지, 등급설정기관, 펀드매니저, 그리고 주주들에 대한 대응을 담당하고 있습니다. 물론 이것은 어느 기업에 있어서도 비교적 표준이라고 생각하고 있습니다. 그러나 몹시 중요한 사명을 담당하고 있다고 말할 수 있을 것입니다.

그런 의미에서는, 어디까지나 프로페셔널한 형태로 IR대책을 해야 한다고 생각합니다. 그렇지 않으면 이러한 관계자에게 자신의 회사의 현상을 정확하게 이해시켜드릴 수 없고 기업이 얼마나 재무적인 목표를 달성하려고 하는지 이해시켜드릴 수 없다는 문제가 발생합니다. 따라서 이 IR부문도 몹시 중요한 것이며, 매우 프로페셔널한 집단이 대응해야 한다고 생각하고 있습니다.

캡티브 자회사

재무부문의 공헌 중의 또 하나의 예로서 소개하고 싶은 것이 폐사가 가지고 있는 캡티브 금융판매 자회사(Development of our captive sales finance companies)입니다. 신차 등의 판매에 있어, 이러한 금융회사가 크게 지원해 주고 있습니다. 미국에서는 NMAC라고 하는 금융회사를 설립하였고, 일본에서는 NFS(닛산 파이낸셜 서비스)라는 금융회사를 가지고 있습니다. 이러한 기업은 폐사의 재무부문이 직접 관리하고 있습니다.

성장을 위한 코스트도 필요합니다만, 그와 동시에, 그 성장을 위한 리스크가 어떻게 되어 있는가라는 점도 필요하여, 이 두 가지의 균형을 꾀할 필요가 있습니다. 그런 의미에서는 역시 재무부문이 완수하는 역할이 몹시 중요하다고 생각하고 있습니다.

또, 2002년도에 폐사는 수많은 신차를 시장에 내놓게 됩니다. 그러나 거기서도 닛산 파이낸셜 서비스사 쪽에서 뛰어난 서비스를 제공해 줄 것으로 기대하고 있습니다.

실적 중시와 투명성이 2대 원칙

자, 그러면 결론을 말하고자 합니다. 폐사의 글로벌한 형태에서의 원칙이 무엇인가 하는 것을 다시 한 번 복습하고자 합니다.

우선 2002년은 닛산에 있어서, 또 닛산의 리바이벌에 있어서 새로운 단계를 의미합니다. '닛산 리바이벌 플랜'의 최초의 2년이 경과한 결과, 보다 경쟁력이 있는 코스트 기반이 만들어졌습니다.

금년도는 새로운 모델이 대량으로 도입되기에 그것을 잘 조합할 수 있기 때문입니다. 앞으로 몇 주 만에, 일본시장에 신형 '마치(자동차명)'가 선보이게 됩니다. 그런 의미에서는, 소비자들에게 있어 보다 매력적인 상품 라인업이 생긴다는 것이며, 이것을 계기로 성장노선으로 돌아오고 싶다고 바라고 있습니다. 최종적으로 저희가 바라는 것은 장기적이고 지속적인 이익을 동반하는 성장노선입니다.

자, '닛산 리바이벌 플랜'을 바탕에 두고, 이번에는 이 새로운 단계의 일환으로서 새로운 패러다임을 밝히게 되었습니다. 이것을 '180 계획(Plan 180 comes next)'이라고 부르고 있습니다. 각각의 숫자에는 의미가 있습니다. '1', 이것은 새롭게 100만 대의 대수를 늘리고 싶다는 목표, '8', 이것은 영업이익률 8%를 목표로 한다는 것입니다. 이미 이것을 달성할 만큼의 잠재능력을 저희는 실증했다고 자부하고 있습니다. 그리고 마지막 '0', 이것은 자동차 사업 관련의 유이자부채를 제로로 억제한다는 뜻입니다.

그런데 이러한 프로세스를 진행시키는데, 폐사에서는 2가지의 매우 기본적인 룰을 지금부터 실행하게 됩니다(The two key rules : performance and transparency). 하나는 역시 퍼포먼스라는 것입니다. 그것을 위해서는 진척을 측정할 수 있고 정량화(定量化)할 수 있는 지표가 필요할 것입니다. 또 사내에서 책임자 그리고 관계자 모두가 이 퍼포먼스에 대한 다양한 예측, 이와 관련되는 정보를 공유하여, 그리고 내건 퍼포먼스에 공헌한다는 것이 필요합니다. 실제로는 그것을 베이스로 각각 커밋하여, 그리고 목표를 설정하는 셈입니다.

두 번째의 기본원칙은 투명성이라는 것입니다. 하나는 사내의 투명성. 사내에서 보다 빠른 형태로 정보를 흘리고, 더구나 심리스(seamless)한 형태로 닛산 전체로서 정보를 공유하여, 그것을 베이스로 서로 의사결정을 행한다는 것입니다. 또 하나는, 사외에 대한 투명성이라는 것입니다. 예를 들어 서플라이어를 포함한 파트너, 그리고 금융계의 분들에 대해서 다양한 정보를 투명한 형태로 제공하여, 폐사의 진척상황을 항상 보완 받는다, 그리고 모니터링을 받는다는 것이며, 또 얼마나 목표를 향해 진척을 계속하고 있는가, 이 평가도 행하여져야만 합니다.

그리고 마지막으로 말씀드리고 싶은 것이, 나날이 새로운 발견이 있다는 것입니다. 즉 저희는 매일 새로운 학습을 행하고 있습니다. 세계 각지의 어디선가, 폐사보다 더 좋은 프렉티스, 그리고 관행을 행하는 곳이 반드시 있다라고. 그것을 폐사의 프로세스에 항상 도입해 가고 싶다고 바라고 있습니다. 그러니까 폐사는 전 세계의 움직임에 대해서 매우 강한 호기심을 항상 가지고 있습니다. 가능한 한 벤치마킹을 활용하고 있고, 또 금융관련발행물의 움직임도 항상 점검하고 있습니다. 또 사내에서도 항상 새로운 아이디어를 낼 수 있는 브레인스토밍, 즉 여러 가지 아이디어를 서로 자유롭게 말할 수 있는 토의도 행하고 있습니다.

개선, 향상이라는 프로세스에는 끝이란 없습니다. 2년 전에 시작한 이 리바이벌의 프로세스, 이것을 나날이 조금씩이라도 좋으니까 개선한다는 노력을 거듭 해왔습니다. 그런 의미에서는 개선의 여지는 항상 있다고 생각하고 있습니다. 항상 여러분이 베스트 프랙티스를 지도해 주셨으면 하고 바라고 있고, 또 여러분과 여러 가지 의견을 공유할 수 있으면 하고 바라고 있습니다.

현금 매니지먼트의 기본

이상으로 '제1회 CFO 포럼 · 재팬 2002'에 있어서의 무룬게 씨의 강연내용을 다시 기록해 보았는데, 앞으로도 분명한 것처럼 '닛산 리바이벌 플랜'이란 '단순한 구조조정'이라는 레벨의 것이 아니었다. 닛산이 멋지게 V자 회복(승리적 만회)을 이룬 것은, 전통적인 재무 매니지먼트 이론을 올바르게 실천한 결과였다.

특히 주목해야 할 것은 '경영자원의 집중'으로서, 코어 비즈니스인 자동차 사업 이외에 투자되던 자산을 매각함으로써, 닛산은 불과 2년 6개월 만에 5,000억 엔의 현금을 염출(捻出)하고 그것을 자본금으로 하여 12가지의 신차를 2년 만에 발매한 것이었다. 이것은 창업 이래의 신상품 투입 페이스이며, 코어 비즈니스에의 적극적 전개의 성과라고 할 수 있을 것이다.

또, 지금까지 각 거점에서 행하고 있던 구매나 자금조달 등의 창구를 일원화한 것 이외에도 매월의 현금흐름 예측, 수익 가이드, 새로운 예산제도 등을 도입한 것도 닛산의 V자 회복에 많이 공헌한 것임은 틀림없다.

앞에서 서술한 것처럼 무룬게 부사장은 영국의 이코노미스트 그룹과 프라이스 워터 하우스 · 쿠퍼스가 주최하는 2002년도 '아시아의 최우수 CFO'로 선정되었지만, 그 수법이 특수한 금융 기술에 의존한 것이거나 M&A 그 자체를 전략으로 삼았다는 치우친 전략이 아니라, 현실적인 교과서대로의 매니지먼트라는 점에 주목해야 할 바가 있다.

그러면 '닛산 리바이벌 플랜'이 뼈대로 한 현금 매니지먼트의 기본이란 도대체 무엇인가? 그것을 한마디로 표현하면, 기업가치ㆍ주주가치를 높여 사업활동을 계속 발전시켜 가기 위해 필요한 자금을 적절한 시기에 확보하여, 사업전략에 합치한 형태로 그 용도를 효율화했던 것이라고 말할 수 있을 것이다.

예를 들어 수중의 현금 유동성을 높이는 한편, 수익이 없는 잉여자금의 잔금을 최소한까지 삭감하는 것도 현금 매니지먼트의 기본이고, 동시에 부족자금을 적절한 시기에 적당한 코스트로 조달하는 것도 필요하면서 반드시 해야 할 일이다. 또, 기업의 현금흐름에 직접적인 영향을 주는 금리, 환율의 리스크에 대한 위기관리도 당연히 현금 매니지먼트의 일부이다.

이러한 현금 매니지먼트에 관한 기술을 닦음으로써 비로소 사업활동에 따른 현금의 과부족이나, 헛된 현금의 휴면기간(float)과 그 금액을 삭감하는 것이 가능해진다. 효율적인 현금 매니지먼트 체제에 의해 기업 전체의 유동성이 높아져, 이 유동성의 증가에 의해 지불능력의 리스크가 경감될 뿐만 아니라, 전체적인 수익력을 높일 수 있는 것이다.

구체적으로는, 다음과 같은 매일의 거래 속에 현금 매니지먼트의 중요한 포인트가 포함되어 있다.

자금회수……거래처 등에서의 자금회수

자금집중……자금을 가장 효율이 높은 부분에 집중

지불……구입업자, 종업원, 주주 등에 대한 지불

정보관리……자금 데이터를 수집, 분석하기 위한 적절한 정보 시스템의 개발 및 보수(maintenance)

현금흐름 예측……자금 부족이나 과잉 등 장래 현금흐름의 예측

투자……잉여현금의 투자

차입……단기적인 지불을 행하기 위한 차입

릴레이션십(relationship)……은행이나 그 밖에 금융기관과의 거래 관계의 매니지먼트

말하지 않는 주주를 상대로 했던 자본 코스트가 작용하지 않는 시대에는 과거의 사업활동의 결과인 '경리'만 잘하면 문제는 없었고, 자금도 은행으로부터 충분하게 충당할 수 있었다. 그런데 그 결과는 어땠는가 하면, 일본 기업은 재무의 기본인 현금 매니지먼트의 착수에 관하여 크게 뒤져버렸을 뿐만 아니라, 수익성이 없는 부동자산(不動資産)을 군살로서 움켜쥐며, 비대화한 밸런스시트를 건전화하는데 대단한 노고를 들여야 할 사태에 직면한 것이 현실이다.

지금까지 경리업무적인 감각으로 기능시키고 있던 현금 매니지 먼트 업무가 실은 경영문제임을 인식하여 미국과 같은 수준의 자금효율, 자산회전율로 높여 가는 것이 저성장하의 경영환경에서 싸워 이기기 위한 필요조건임은 틀림없을 것이다.

현금 매니지먼트의 수법은 IT의 현저한 진전과 더불어 최근 몇 년 사이에도 비약적으로 고도화가 진행되고 있다. 기업의 비즈니스 플로(flow)를 관리하는 ERP(통합업무 패키지)의 침투를 배경으로 현금흐름을 관리하는 CMS(현금 매니지먼트 시스템)의 도입은 현재 금융계의 큰 흐름이기도 하다. 글로벌화가 진행되는 가운데, 미국의 기업과 같은 현금 매니지먼트에 착수하는 기업과 여전히 팔짱을 끼고 있는 기업과의 격차는 지금 이상으로 벌어짐을 보여, 시장의 선별도 또 가차없이 진행되어 갈 것이다.

또한 현금 매니지먼트에 관해서는, 일본 CFO협회가 인정하는 기업재무의 교과서 『현금 매니지먼트 에센셜즈』(전 2권)에 자세하게 나오므로, 한 번 읽어주기 바란다. 그 책에서는,

Ⅰ   운용자금과 현금흐름
Ⅱ   현금흐름의 매니지먼트
Ⅲ   지불(자금결제)
Ⅳ   글로벌 뱅킹 / 결제 시스템
Ⅴ   자금운용

Ⅵ　자금조달

Ⅶ　IT(정보기술) 매니지먼트

Ⅷ　재무위기관리

Ⅸ　릴레이션십 매니지먼트

의 9가지 유닛으로 나누어 기업재무에 있어서의 모든 업무 플로가 해설되고 있어, 한 번 읽기만 해도 현금 매니지먼트의 전체를 파악할 수 있도록 편집되어 있다.

이 책은 또 미국 최대의 재무교육단체, 재무 프로페셔널 협회 (AFP, 미국 메릴랜드 주 소재)가 실시·인정하고 있는 미국의 유일한 기업재무의 자격인 CCM(Certified Cash Manager = 현금 매니저 자격)의 공식 텍스트로서 지정되고 있어, 2002년부터 일본 CFO협회가 일본에 도입하는 동 자격을 목표로 하는 사람도 반드시 갖추어야 할 책이다.

제6장
CFO를 기른다

변모하는 경리, 재무의 역할

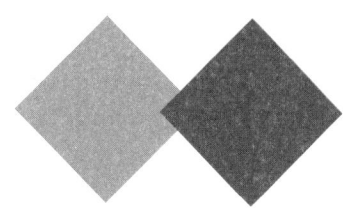

Chief Financial Officer

경리의 프로, 재무의 프로 시대는 끝났다

일본에서 경리, 재무의 프로라고 하면 이론이나 분석, 또는 세무에 정통한 사람을 가리키는 경우가 많다. 그런데 그들로부터 정보나 서비스를 받는 주위의 사람들이 볼 때, 경리의 프로, 재무의 프로는 과거의 숫자만을 쫓는 사람, 규제나 통제를 강조할 뿐 변혁을 바라지 않고 같은 것을 반복하는 사람, 또 하나의 틀 속에서 일과

씨름하는 사람이라는 이미지가 강하다. 한마디로 표현하면, 영업 등 일반의 비즈니스와는 동떨어진 다른 세계의 거주자라는 이미지로 간주되고 있었던 것이다.

그런데도 부기·회계라는, 다른 사람이 가지고 있지 않은 특기를 살려서 비즈니스 속에서 자신의 지위를 유지해 왔던 사람들이 경리, 재무의 프로였다. 심하게 표현하면, 재무제표를 만들기만 하고, 테스크 리스크(task risk)를 피하기만 하고, 또는 다른 부문과의 사전교섭에 뛰어나기만 한 것을 가지고 비즈니스 세계에서 오래 연명해 온 셈이다.

그러나 비즈니스란 끊임없이 유동하는 생물이고, 그들의 경리지식만 가지고 판단할 수 없는 일이 많이 있다. 즉 비즈니스 마인드라는 관점에서 보면 매우 약하다. 그 때문에 비즈니스를 플렉시블 (flexible)하게 파악하는 오퍼레이션 사이드 ─ 영업 사이드나 제조 사이드의 족쇄가 된 경우도 있어, 때로는 대립구조를 낳아 왔다. 그런데도 경리의 프로, 재무의 프로로서 통용되어 왔지만, 그 모든 것은 과거의 이야기이다. 더욱 더 경쟁이 격화된 지금, 예전과 같은 경리의 프로, 재무의 프로로서는 이미 통용되지 않게 되었다고 단언해도 좋다.

물론, 규제를 준수하는 것은 중요한 일이다. 그러나 규제를 준수하는 것만으로는 비즈니스는 움직이지 않는다. 혹은, 눈앞의 숫자만으로도 움직이지 않는다. 그 부분을 우선 인식하여 경리, 재무의 역할을 근본적으로 다시 생각할 필요가 있을 것이다.

　그러면 왜 경리, 재무를 둘러싼 환경이 이 정도로까지 변화해 왔는가? 이른바 순조로운 성장시대에는 재무든, 경리든 뒤를 쫓기만 하면 어떻게든 해낼 수 있었다. 그런데 제로(zero) 성장 내지는 마이너스 성장의 시대에 돌입함과 동시에, 비즈니스 마인드가 매우 중요해졌다. 하지만 몇 번이나 반복하듯이 일본인은 비즈니스 마인드라는 점에서는 매우 약하다. 특히 경리, 재무의 프로나 프로를 목표로 하는 사람의 약함은 심각한 면이 있다.

　물론, 그들은 대학에서 전문분야를 배우고는 있다. 그러나 그 지식은 활자를 통한 지식이거나 교수의 강의를 듣고 배운 지식이지, 체험으로부터 배운 지식은 아니다.

　거기에 대해 미국의 비즈니스맨은, 어릴 때에 받는 가정교육부터 전적으로 차이가 나며, 예를 들어 심부름을 하면 얼마의 용돈을 받을 수 있다든지, 잔디깎기를 하면 어떻다든지, 혹은 아이를 직장에 데려 간다든지, 어릴 때부터 비즈니스란 무엇인지 몸소 배우게 하고 있다. 미국의 어떤 거대 IT기업의 창업자도 "어린 시절, 아버지의 변호사 사무실에 자주 출입하고 있었다."라고 말하고 있듯이, 아이가 아버지의 직장에서 돌아다니고 있어도 미국에서는 허용된다.

차이는 그것만이 아니다. 미국에서는 어릴 때부터 주식을 갖는 일이 많다. 아버지나 할아버지로부터 주식을 양도받는 것이 대부분인데, 그것을 계기로 신문의 경제란을 읽게 되었다든지, 경제에 흥미를 가지게 되었다든지, 그러한 사람이 지금 현재 비즈니스의 제일선(第一線)에서 열심히 활약하고 있다. 물론, 필요 이상으로 금전적인 자극을 주는 것은 문제일지도 모른다. 그러나 어린 시절부터 경제에 흥미를 가져온 인간에게, 대학을 졸업하고 나서 갑자기 흥미를 가지기 시작한 인간이 맞겨룰 수 있을까 없을까? 그것을 생각하면, 미·일의 격차는 엄연하다고밖에 말할 수 없다.

차이는 아직도 더 있다. 영화나 텔레비전의 장면에 자주 나오므로 알지도 모르지만, 미국의 초·중학교에서는 교사와 학생, 혹은 학생끼리 토론을 하면서 배우거나 약속을 결정해 가는 것은 당연한 일이다. 그것을 통해 주체적으로 생각하는 습관을 몸에 익히고 있다. 거기에 대해 일본의 학교에서는 교사가 학생에게 지식을 전하는 일방적인 수업이 행하여지고 있을 뿐더러, 홈룸(home room) 자체가 매우 운영하기 어려운 상황이 되어 있다. 교사가 아이끼리의 싸움을 어떻게 처리하면 좋은지, 혹은 아이들의 제안을 어떻게 판단하면 좋은지, 그러한 면에서의 조언이 매우 약한 것은 부정할 수 없다.

스스로 생각하여 판단하거나 무엇인가를 창조하는 것을 가르치는 교육과 단순히 지식을 담을 뿐인 교육. 이 차이는 생각하는 것보다 훨씬 크다.

가정교육에서도 뒤졌고, 학교교육에서도 뒤졌다. 모든 것에서 뒤진 일본의 비즈니스맨은, 비즈니스 사회에 들어가는 최초의 출발선부터 상당한 차가 난 상태라고 생각해도 좋다.

그런데도 영업부문이나 제조부문에 들어가면, 뒤늦게나마 체험을 통해 비즈니스 마인드를 기를 수가 있다. 그런데 경리, 재무의 사람에게는 그 기회가 없다. 오해를 두려워하지 않고 말한다면, 과거의 숫자를 쫓기만 하는 '전문 바보'가 되기 쉽다. 지금까지라면 그런 대로 어떻게든 되었다. 하지만 지금부터는 이제 통용되지 않는다. 다른 사업부나 오퍼레이션, 현장 사이드, 제조 사이드, 그러한 곳에 비하여 뒤처질 위험성이 매우 크다고 말해야 할 것이다.

그 위험성을 알아차린 경리의 프로, 재무의 프로는 적지 않다. 하지만 알아차릴 뿐만 아니라, 스스로 변혁해 가지 않으면 경쟁이 치열한 현대의 비즈니스 사회에서는 살아갈 수 없다. 모처럼의 경리, 재무, 세무의 지식을 살릴 기회를 잃게 될 것이다.

비즈니스 마인드를 길러라

CFO에는 경리, 재무에 관한 최소한도의 체계적 지식이 불가결하다. 그러나 그것보다 중요한 것은 폭넓은 경험에 근거하는 비즈니스 마인드이다. 그 비즈니스 마인드를 기르기 위해서는 경리, 재무 이외의 부서를 체험할 뿐만 아니라, 어떠한 실적을 올릴 것, 이것이 중요하다. 이미, 경리담당자를 일종의 로테이션 인사에 포함시켜 많은 부서를 체험시키는 일에 착수하는 기업도 있는데, 앞으로 그러한 풍조는 더욱 더 퍼져 갈 것이다.

미국의 기업에서도, 이 사람이라고 주목받은 사람은 여러 가지 일을 체험시키는 경우가 많다. 혹은 경리, 재무의 경험이 없어도, 예를 들어 세일즈로 상당한 실적을 올린 사람이나 세일즈 센스가 좋은 사람, 그러한 사람을 CFO로 데려오는 경우도 있다. 그것은 그 때마다의 니즈에 의해 바뀌겠지만, CFO라고 해서 반드시 경리, 재무의 프로가 아니면 안된다는 것은 결코 아니다.

이제부터 CFO를 목표로 하는 사람은, 어카운팅에 사로잡힐 필요는 없을 것이다. 오히려 영업, 마케팅, 경영 기획 등을 경험한 사람 쪽이 우수한 CFO가 될 가능성이 높을지도 모른다.

그렇다고 해서 경리전문, 재무전문으로 오로지 걸어온 사람이 CFO가 될 수 없다는 것은 아니다. 이른바 경리의 프로, 재무의 프로라도 마음가짐 하나로 CFO가 될 수 있고, 실제로 경리전문, 재무전문에서부터 CFO가 되어 활약하는 사람이 적지 않다. 다만 거기에는, 지금 서술한 것처럼 마음가짐이 필요하며, 현상에 만족하지 않는 헝그리(hungry) 정신, 무엇에도 흥미를 나타내는 호기심, 변화에 대응할 수 있는 유연성, 아이디어를 실현시켜 가는 에너지, 국내외 시장 정세를 읽어내는 분석력, 회사의 가야 할 길을 확정하는 선견성을 기르지 않으면 안 된다.

유위전변(有爲轉變)의 격렬한 이 시대에, 과거의 성공체험은 반드시 장래의 성공을 약속해 준다고는 할 수 없다. 오히려 과거의 성공체험, 성공 패턴은 의지할 바가 못 된다고 생각하는 편이 좋다. 말하자면 해도(海圖) 없는 항해를 강요당하는 것이 현대의 기업이며, 그 안에서 정말로 도움이 되는 것은 참신한 아이디어나 비즈니스 마인드를 가진 인재뿐이다.

예를 들어 지금부터 더욱 더 증가할 터인 합병이나 흡수라는 사태에 직면할 때, 합병하는 쪽이나 당하는 쪽을 불문하고, 얼마나 자신의 회사를 유리하게 인도하여, 장래의 발전에 결부시킬 수 있는가? 그 방책을 생각할 때 필요한 것이 아이디어나 비즈니스 마인드에 근거하는 판단력이며, 뒤처리 식의 일, 과거의 숫자를 쫓는 것 같은 일만을 해온 사람은 도저히 대응할 수 없을 것이다.

컨트롤러로부터 CFO로

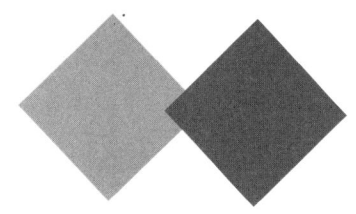

Chief Financial Officer

CFO 탄생의 배경

　CFO 탄생의 경위에 대해서는 제1장에서 서술한 대로인데, CFO 의 역할을 재인식하기 위해서, 컨트롤러로부터 CFO로, 혹은 트레 주러로부터 CFO로 변천을 이루어 온 역사를 다시 한 번 확인해 두 고자 한다.

　재차 말할 필요도 없이 기업에는 여러 가지 부문이 있다. 영업,

마케팅, 경영기획, 제조, 기술개발이라는 많은 부문이 활동하여, 그만한 이익을 올리고 있기 때문에 기업이 성립되는 것인데, 그들 각 부문과 경리 · 재무부문과의 관계는 어떠한 것이었는가 하면, 예를 들어 오퍼레이션 사이드에서 무엇인가 프로젝트를 시작할 경우, 경리 · 재무부문에의 사전상담은 거의 없을 뿐만 아니라 사후보고도 좀처럼 없고, 무언가 금전에 관련된 문제가 생겼을 때만 어떻게 처리하면 좋은가하고 상담을 해온다라는 것이 일반적이었다. 경리, 재무에게 현장의 안건을 가지고 가도 부정하기만 하고, 적극적인 일은 해주지 않는다라는 인식이 오퍼레이션 사이드에 있었기 때문이다.

경리, 재무의 스태프에게 상담하러 갔다. 트레주러에게 상담하러 갔다. 그렇지만 적절한 조언은 아무것도 없었다. 그 뿐만 아니라 무조건 부정당했을 뿐이었다. 그렇다면 이제 경리, 재무에 상담하는 것은 그만두자 — 그런 분위기가 어느 직장에나 있었던 것은 부정할 수 없을 것이다.

그러나 그런 것이어서는 처음부터 경리, 재무를 포함시켜서 전략, 전술을 수립해 가는 기업과 맞겨룰 수 없다. 따라서 종래의 컨트롤러로부터 CFO로, 트레주러로부터 CFO로라는 식으로 그 포지션과 역할이 바뀌어 왔다는 것은 앞에서 서술했던 대로인데, 다만 단순히 포지션을 신설하거나 명칭을 바꾼 것만으로는 의미가 없다. 상담하러 갔지만 역시 아무런 조언도 없었다라는 것이어서는 이전과 아무것도 바뀌지 않는다. 즉 경리, 재무가 현실적으로 도움이 되는가 어떤가? 그것을 오퍼레이션 사이드의 사람들은 보고 있는 것이며, 도움이 되지 않는다고 판단하면 CFO라는 직함 따위는 거들떠보지도 않게 될 것이다.

경리의 프로, 재무의 프로라는 것만으로는 CFO를 감당해내지 못한다는 이유는 바로 여기에 있다.

대국관을 가져라

반복이 되는데, CFO는 경리, 재무지식뿐만 아니라, 뛰어난 비즈니스 마인드, 비즈니스 센스를 가지지 않으면 안 되고, 판단력도 없으면 안 된다. 폭넓은 경험으로부터 길러지는 판단력, 행동력, 통솔력과 같은 다양한 능력을 몸에 익혀, 조직 전체를 이끌어 갈 만한 리더십을 발휘할 수 없으면 CFO라고는 불리지 않는다.

때로는 대국관도 요구된다. 경리·재무부문의 치프로서 자금 전반을 관리, 감독해야 하는 입장상 대체로 CFO는 세세한 곳에 관심을 가지기 쉽지만, 너무 섬세해도 잘되지 않는다. 그러한 CFO에게 상담하러 갈 마음이 들지 않게 되기 때문이다.

스태프가 말할 만한 소리는 하지 말라, 자질구레하고 세세한 소리는 하지 말라, 당신은 CFO잖나, 그렇다면 좀더 대국적인 관점에서부터 어드바이스를 해달라⋯⋯. 오퍼레이션 사이드, 혹은 CFO 본부조직 산하의 사람으로부터 그러한 눈으로 간주된다면 끝장이며, CFO로서 일하기가 매우 어려워진다.

물론 CFO인 한, 세세한 곳까지 제대로 알아 두지 않으면 안 된다. 그러나 사시사철 세세한 것을 말하고 있으면 스태프들이 다가오지 않게 될 뿐만 아니라 의욕을 잃게 될 수도 있다. 비즈니스 전반을 간파한 다음에 적절한 어드바이스를 할 수 있어야만 비로소 CFO라고 불리는 것이니까, 역시 그 나름의 대국관을 가지도록 노력할 필요가 있을 것이다.

의견일치 만들기보다 의사결정

그리고 하나 더 조심하고 싶은 바는, 이른바 의견일치(consensus : 합의) 만들기에 필요 이상으로 에너지를 투입하지 말 것. 이것도 CFO에게 있어 극히 중요한 테마이다.

물론, 의견일치 만들기는 필요 불가결하다. 그 때문에 때로는 사전교섭에 분주하지 않으면 안 될 경우도 있을 것이다. 그러나 사전교섭에만 정신을 빼앗겨 버리면 매우 좋지 않다. 사전교섭만으로는 비즈니스는 진행되지 않기 때문이다. 일본 기업의 관리직 속에는 의견일치 만들기가 자신의 일이라고 믿어 버린 사람이 적지 않다. 그러나 CFO에게 요구되는 것은 결코 의견일치 만들기가 아니다. 원래 CFO란 조정역할이 아니기 때문이다. 한때의 경제성장 시대, 혹은 안정·조화의 시대라면 조정역할 타입이라도 그 나름대로 리더로서 감당할 수 있었다. 그러나 장래가 불투명한 이 시대에 조정역할 타입이어서는 이미 기업을 이끌어갈 수 없을 뿐만 아니라, 자칫 잘못하면 회사를 기울게 할 우려도 있다. 그러한 반성이라고 할까 위기감이 일본 기업에의 CFO 도입을 서두르게 했다고도 말할 수 있는 셈이며, CFO에게 요구되는 것은 결코 조정역할이 아니라는 것을 제대로 이해해 두었으면 한다.

그러면 CFO의 역할이란 무엇인가 하면, 방금 전에도 서술한 대국관에 서서 스스로 재무 비전을 만들어, 거기에 근거하여 재무전략을 수립하거나 중장기 계획이나 투자 계획을 가다듬거나 하는 것이 된다.

특히 이 의사결정 프로세스에 있어서 CFO의 역할은 매우 큰 면이 있다. 그 이유도, 일본의 기업에서도 지금까지의 합의제를 폐지하여, 치프 오피서에게 권한을 집중시키지 않으면 살아남을 수 없게 되기 때문이며, 그렇게 될 경우, CEO는 물론 재무관계의 모든 책임을 지는 CFO의 의사결정이 얼마나 무거워질 것인지 쉽게 상상할 수 있을 것이다.

종래, 하나의 안건이 처리될 때까지는, 우선 담당주임이 결제서류에 도장을 찍고, 그 다음에 계장, 과장, 부장이 찍고, 마지막에 경리 · 재무부장이 찍고서 겨우 종료라는 케이스가 많았다. 하지만 그런 식이어서는 너무나도 느려서, 현대의 스피드 경영을 따라갈 수 없다. 그 뿐인가? 책임의 소재도 애매하여, 누가 최종책임을 지는지 그다지 명확하지 않았다. 서류에 찍힌 도장의 수 따위는 아무런 도움도 되지 않는다. 그것보다는 CFO나 COO 등에 권한을 집중시키면, 스피드 경영이라는 점에서는 종래의 시스템과는 비교가 되지 않을 정도로 일의 진행이 빨라지고, 책임의 소재도 분명해진다.

물론, 협의하는 것도 필요하기는 하다. 그러나 회의가 길어질 뿐 비즈니스가 조금도 진전되지 않는다면, 무엇을 위한 협의인지 전혀 알 수 없게 되고 만다. 이제 회의에 에너지를 소비하는 것은 그만두기로 하자. 그러한 반성에 입각하여, 앞으로 CFO라는 포지션을 도입하는 기업이 더욱 더 늘어날 것은 의심할 여지가 없다.

경영 비전과 우선순위를 제시하라

　어쨌든 CFO는 종래의 경리담당부장, 재무담당부장의 범위를 벗어나 비전을 가지지 않으면 안 된다. 그리고 또 중요한 것은, 그 비전을 아래의 스태프나 다른 부문의 매니지먼트에게 명확하게 전하여 같은 생각을 공유하도록 리드하는 일이다.

　이것을 할 수 없으면 모처럼의 비전도 그림의 떡이 되고 만다. 특히, 투자계획이라든지 장기계획이라든지 예산배분계획이라든지, 이러한 것은 다른 부문의 매니지먼트도 관계되는 문제여서, 다른 부문의 비즈니스도 이해하지 않으면 좀처럼 작업이 진전되지 않는다.

　회사란 조직이므로 아래와 위가 따로따로 움직인다면 잘 기능하지 않는다. 우연히 잘되었다, 어쩌다가 성공했다는 식이어서는 경영이라고 할 수 없다. 그런 것이 아니라, 위아래가 하나로 되어 한 가지 목표로 매진한다. 이것이 기업경영의 요체이다. 그것을 위해서는 우선 CEO가, 우리의 회사는 이런 방향으로 나아간다는 비전을 명확하게 제시하지 않으면 안 된다. 그렇게 하면 부하 직원들도 방침을 알고서, 그 비전에 따른 전략, 전술을 생각할 수 있다. 그러니까 우선 비전을 명확하게 해두지 않으면 안 되는 것이다.

　예를 들어 IT 관련 기업이라면, '지금부터는 Network is

computer(네트워크야말로 컴퓨터이다)의 시대이다'라고 CEO가 비전을 제시한다. 그러면 '우리는 네트워크의 일을 해 간다. 그 인프라를 위해서 개방적인 플랫폼을 제공하자. 그것을 위해 서버도 하지 않으면 안 된다, 자바(java)도 합시다, 소프트웨어도 개발합시다'라는 형태로 전개할 수 있다. 아무런 비전도 제시하지 않으면, 아래는 뿔뿔이 흩어질 뿐이다.

그 다음에 그 비전에 입각한 재무 비전에의 전개가 된다.

그런 의미로 CFO에게 요구되는 능력은 꽤 광범위한데, 모든 요구를 만족시키기란 슈퍼맨이 아닌 한 할 수 있는 일은 아니다.

그래서 중요한 테마가 되는 것이, 얼마나 CFO 산하의 스태프, 예를 들어 컨트롤러나 트레주러라는 사람들을 유효하게 사용해 가는가 이다.

또, 투자계획, 경영계획, 예산배분계획에 대하여 우선순위(priority)를 매겨 가는 작업도 필요해진다. 여러 가지 계획을 세워도, 모든 것을 동시에 해낼 수 있을 수는 없고, 우선순위를 어디에 두는가라는 것이 매우 중요해진다.

이런 경우, 지금까지라면 논의가 다양하여 수습되지 않는 일이 많았다. 그런 것이어서는 스피드 경영이 아니고, 경쟁사에 뒤진다. 그래서 CFO가 리더십을 발휘하여 우선순위를 결정해가는 일이 필요해지는 것이다.

이상과 같은 역할을 해낼 능력이 요구되고 있는데, CFO를 목표로 하는 사람에게는 그만큼의 능력이나 센스가 있는가 없는가? 만일 있다고 하면, 반드시 경리, 회계의 전문 지식, 전문 기술은 필요 없다. 물론, 기초 지식으로서 몸에 익혀 두지 않으면 안 될 것은 당연하며, 경리나 회계의 일은 아무것도 모른다라는 것이어서는 역시 적격이라고는 할 수 없을 것이다. 하지만 경리, 회계의 전문 지식보다 오히려 파이낸셜의 관점에서부터 기업가치를 높여 가는 능력이 있는가 없는가 쪽이 보다 더 중요한 것임은 틀림없다.

그러한 식으로 CFO를 파악하면, 일본적인 연공서열제 위에 올라앉아, 별로 공부도 하지 않은 채 경리부장, 재무부장에까지 올라간 사람이나 인맥을 이용하여 쉽게 출세한 사람은 꽤 엄다. 그러한 사람이 CFO가 되면 본인은 물론, 회사도 조직으로서 기능하지 않게 될 가능성이 있다.

지금까지 몇 번이나 설명해 온 것처럼, 폭넓은 능력이 요구되는 것이 CFO라는 포지션이다. 따라서 경리나 재무에 치우쳐 있어도 문제가 있고, 투자가와 양호한 관계를 유지하는 일에만 능숙하다는 것도 문제가 있다. 물론, 투자가와 양호한 관계를 계속 유지한다는 것도 CFO의 역할 중의 하나이지만, 무언가 하나에만 치우치면 문제가 생긴다.

CFO라는 포지션이 주목받게 된 지 아직 오래되지 않은 탓인지,

주식공개나 M&A의 전문가가 CFO라는 오해가 일부에는 있는 것 같은데, CFO란 본래 그러한 포지션이 아니다. 물론 IPO도 하고 M&A도 한다. 하지만 그것은 어디까지나 CFO의 역할의 일부에 지나지 않고, 그것을 가지고 CFO의 전부라고 파악하는 것은 역시 잘못이다.

제3장에서도 서술한 것처럼, CFO 본부조직에는 인베스터 릴레이션즈라든지 감사부문이라든지, 몇 가지 부문이 있다. 그것들을 통합하여 CFO 본부조직이라고 부르는 것이며, 그 정점에 위치하는 것이 CFO이다. 그렇기 때문에 경리나 재무뿐만 아니라 온갖 능력이 필요하고, 그 만큼의 능력을 겸비한 CFO를 기르는 것이 대단한 급선무인 것이다.

360도 서베이

Chief
Financial
Officer

OJT 트레이닝

한때 미국의 기업은 사원교육에 그다지 열심이지 않았다. 어차 피 언젠가는 회사를 그만두기 때문에 사원 따위는 내버려둬라, 교 육 따위는 필요 없다라는 스타일이었다. 그런데 최근에는 많이 바 뀌어서, 사원교육 면에 꽤 힘을 쓰고 있다. 실은, 그 사원교육도 CFO의 중요한 역할이기도 하다.

그런데 사원교육의 방법에는 어떤 것이 있는가 하면, 일본의 기업에서 많이 볼 수 있는 것은, 일을 통해 가르치는 이른바 'OJT 트레이닝'이라는 것이다. 특히 경리, 재무관계는 'OJT 트레이닝'으로 지식이나 기술을 배우는 경우가 많아, 비즈니스 트레이닝을 받지 않는 채 사회에 뛰어드는 학생들을 한 몫 하는 비즈니스맨으로 길러내는 데에는 그것이 가장 빠르고, 기업의 니즈에도 들어맞는다. 우선은 하나하나 자상하게, 인사방법부터 가르친 다음에, 전표를 끊는 방법, 손님과의 대응방법 등을 가르쳐 간다는 것이 'OJT 트레이닝'의 전형적인 유형이며, 지금도 빈번하게 행하여지고 있다. 이 'OJT 트레이닝'을 언뜻 보면 꽤 효과적인 시스템처럼 생각되지만, 디메리트도 있다. 구태의연한 수법으로 신입사원을 속박하여 독창성이나 창조성을 강탈하는 위험성이 있고 가르치는 쪽과 가르침을 받는 쪽이 싫든 좋든 간에 선후배의 관계가 되어 버리는 것도 디메리트다. 그 때문에 가르침을 받게 되면, 그 후에 그 선배와 대등한 입장에 설 수 없게 된다든지, 여러 가지 사정이 생긴다. 게다가 장래, 두 사람의 입장이 역전할 때에 무턱대고 인사고과(人事考課)를 할 수가 없고, 지시를 내리기가 어려워질 수도 있다는 문제를 가지고 있다. 'OJT 트레이닝'만 가지고 과연 효과적인 교육제도라고 할 수 있는지 크게 의문스럽다.

코칭

그 외에서는, 사내강습회를 열거나 외부교육기관에 다니게 하거나 하는 식으로 행하는 기업도 있다. 특히 경리, 재무관계는 외부교육기관에서 부기나 회계를 배우게 하는 일이 많다. 우수한 인재를 미국에 유학시켜 MBA를 취득시킨다든지, 여러 가지로 하고 있는데, 미국 기업이 실천하는 재미있는 교육법 중의 하나에 코칭 (coaching)이라는 것이 있다.

코칭이란 교사역할을 맡은 조언자가 학생인 멘티(mentee, 미숙한 사람)를 1 대 1로 가르친다는 것으로, 그 때 본인의 소속은 그다지 중요하지 않다. 예를 들어 경리가 제조공정의 사람에게 제조공정에 대하여 배울 수도 있고, 반대로 제조부문의 사람이 경리에게 부기나 회계를 배울 수도 있다.

이 코칭은, 실제로 어떻게 행해지는가 하면, 우선 처음에 멘터 (mentor, 경험이 풍부한 사람)를 모집해 둔다. '나는 이런 것이라면 가르칠 수 있어요' 라는 사람을 모집하는 것이다. 그 다음에 멘티는 어떤 것을 배우고 싶은가, 자신이 배우고 싶은 내용을 신청하여 그 내용에 일치하는 멘터와 매칭(matching)된다.

매칭이 성립하면 코칭이 시작되는데, 학생역할인 사람은 반드시 신입사원이 아니어도 상관없다. 예를 들어 '나는 가까운 장래, 일

본에서 일할 작정이다. 따라서 일본의 상거래 방식을 알고 싶다'
라고, 입사 20년째인 미국인 종업원이 신청했다고 하자. 이에 대해
서 '그러면 일본인인 내가 가르칩시다' 라고, 일본지사에 근무하는
캐리어가 낮은 일본인이 응하면, 그것으로 매칭은 성립되고 다음
날부터 미국과 일본을 교차한 코칭이 시작된다는 형태아다.

인터넷 메일이 많은 도움이 된다.

이 코칭은 'OJT 트레이닝' 은 아니다. 서로 비어 있는 시간을 활
용하여 학습하는 것이다.

또 앞에서 서술한 것과 같은 주종관계도 없다. 연령, 캐리어가
역전한 케이스도 있어, 가르침을 받는 쪽에서 보면 불필요한 걱정
을 할 필요도 없다. 가르치는 쪽에 있어서도 코칭을 통해서 친구가
될 수 있고, 가르치는 것을 통해 자기 자신의 지식이나 기술이 깊
어진다는 메리트가 있다.

코칭의 의의는, 실은 여기에 있다.

아무리 가르치는 의욕이 있다고 해도 지식이나 기술이 부족해서
는 가르치려고 해도 가르칠 수가 없다. 남에게 가르치려면 그 나름
의 지식을 정리하거나 재확인을 하는 작업이 필요하며, 그 때문에
부지불식간에 멘터 쪽이 더 성장하고 있었다는 일도 적지 않다.

어찌 된 영문인지 미국에서는 이 점에 주목하는 사람은 별로 없
는데 가르치는 쪽에 있어서도, 가르침을 받는 쪽에 있어서도 메리

트가 큰 이 제도가 일본에 도입되는 날도 그리 먼 앞날은 아닐 것이다.

360도 서베이

미국에는 코칭 이외에, 360도 서베이 또는 360도 피드백이라고 불리는 인사평가에도 사용되는 교육제도가 있다. 이것은 본인을 중심으로 하여 360도에 위치하는 사람들, 즉 상사, 동료, 부하, 고객 등으로부터 비즈니스맨으로서의 능력과 그 밖의 사항을 평가받아 자기계발에 유용하게 쓴다는 제도이다.

"이 사람의 능력은 어떻습니까?", "이 사람은 협력적입니까?"라는 몇 개의 질문항목에 대해 "좋아요", "나빠요"라는 식으로 5단계로 평가해 간다.

동시에 자기 자신도 '나는 이 정도다'라고 자기채점한다. 그것을 상사나 부하들의 채점과 비교검토함으로써 동료는 자기를 어떻게 생각하고 있는가, 자기의 문제점은 어디에 있는가를 확인한 다음에, 장점은 한층 더 신장시키고 결점은 바로잡아 가자고 하는 데에 360도 서베이의 목적이 있다.

이 360도 서베이는 개개인이 어떤 행동 패턴을 취하고 있는가를 아는 데에 있어서 매우 유효하다고 하여 미국에서는 지금 현재, 대부분의 대기업에서 도입하고 있다. 코칭과 병용하는 곳도 많다. 또 일본의 기업에서도 이것을 벌써 실시하는 곳이 있다.

아마 일본에서도 가까운 장래, 360도 서베이가 폭넓게 도입될 것이다.

다만 이것을 인사고과의 대상으로 할지 어떨지는 상당한 주의가 필요하다. 공평한 평가제도여야 하는 것이, 반대로 사내 알력을 일으켜서는 기업활력이 저하된다.

지금까지 일본에서도 매니저의 평가를 부하가 채점한다는 기업도 있었는데, 반드시 성공하지는 않았다. 360도 서베이를 인사고과에 도입하려면, 그 기업에서 실시가 가능한지 어떤지를 충분히 검토해야 한다.

그것과 또 하나는, 가능한 한 컨설턴트 회사 등 회사와는 관계가 없는 제3자 기관에 평가의 통계와 결과의 피드백을 맡기는 것도 360도 서베이를 도입할 때의 중요한 포인트이다.

사내의 어떤 부서가 평가의 통계를 담당하여 그 결과를 본인에게 통지하게 된다면, 누가 어떻게 자신을 평가하고 있는지 대충 짐작하게 된다. 부하가 한 사람인 경우라면 불을 보듯 훤하다. '저 녀석은 나를 이렇게 생각하고 있었구나', '겉으로는 웃고 있었어도, 본심은 이런 것이었구나' 라는 식으로 되어, 불필요한 풍파를 일으킬 경우도 충분히 예상된다. 게다가 상사까지도 그 평가를 보게 된다면 더더욱 이야기가 꼬인다.

그러한 혼란을 피하기 위해서도, 평가의 통계와 본인에의 통지는 제3자 기관에 맡기는 편이 좋다. 회사와 관계가 없는 곳에서 '당신의 행동 패턴, 사고방식은 이런 문제가 있어요' 라든지 '당신은 이런 면이 사람들로부터 평가받고 있어요', '당신이 비즈니스에서 성공하기 위해서는 이런 곳을 고치는 편이 좋을지도 몰라요' 등으로 지적 받는다면 그다지 저항은 없을 것이다.

무엇에 있어서도 그렇지만, 유럽과 미국에서 잘되었다고 해서 일본에서도 잘된다고는 말할 수 없다. 역시 도입할 경우에는 일본의 풍토를 충분히 고려할 필요가 있을 것이다. 코칭이든 360도 서베이든 매우 독특한 교육법이며, 일본에서도 잘 활용하면 그만한 효과를 기대할 수 있을 것이다.

그래도 종신고용과 아무 관계 없는 미국 기업이 이 정도로까지 사원교육에 힘을 쓰는 데에는 놀랄 따름인데, 도대체 왜 거기까지 변화해 왔는가? 이유는 다름 아닌, 유능한 인재를 발견하는 것이 매우 어렵기 때문이다. 미국의 기업에서는 우수한 인재는 외부로부터 충원한다는 것이 원칙이었다. 그러나 우수한 인적 자원에는 한계가 있다는 것을 알아차려서, 자사가 구하는 리더는 스스로 기를 수밖에 없다는 분위기로 바뀌어 왔다. 이것은 CFO의 포지션에도 들어맞는다.

　교육은 국가백년의 대계(大計)라고 하는데, 기업백년의 대계이기도 하다. 일본의 기업이 글로벌한 경쟁에서 싸워 이기기 위해서는 세계 수준에서의 경쟁에 이기는 교육 시스템을 갖추어 가능한 한 빨리 우수한 CFO를 기를 필요가 있을 것이다.

제7장
변혁에의 도전

네트워크를 만든다

Chief Financial Officer

정보 네트워크의 구축

최근 몇 년, 비즈니스를 둘러싼 환경은 물론이거니와 비즈니스 그 자체가 복잡해지고 있다. 게다가 비즈니스의 속도가 무서울 정도로 빨라지고 있으므로, 이에 대응하는 것은 꽤 힘든 일이다. 특히 기업의 키잡이를 맡은 CFO에게 있어서는, 얼마나 복잡화와 스피드화에 대응하느냐 하는 것이 지상명제(至上命題)라고 해도 과언이 아니다.

그러면 이 스피드화와 복잡화에 대응하려면 어떠한 방책이 있는가? 이것을 생각할 때, 우선 들 수 있는 것이 네트워크를 구축한다는 것이다. CFO 산하의 부서뿐만 아니라 각 사업부, 다른 스태프 부문, 세계의 자회사, 사외의 투자가, 금융관계, 고객…… 그러한 사람들과 얼마나 네트워크를 형성해 갈 것인가? 이것을 생각하지 않으면 안 된다.

그렇게 서술해 보았자 각별히 새로운 것도 아니지만, 전에도 서술한 것처럼 경리·재무부문은 많은 정보가 모이는 정보의 거점이다. 따라서 얼마나 잘 정보를 수집하고, 수집한 정보를 관계자에게 전하는가가 CFO에게 있어 가장 중요하다. 거기를 제대로 이해하지 않는다면, 모처럼 발신한 최대 중요정보가 받는 쪽의 자의적인 판단으로 인하여 그대로 버려진다는 등의, 있어서는 안 될 일도 현실문제로서 일어날 수 있는 만큼 네트워크 만들기에는 상당한 에너지를 쏟아야 할 것이다.

그 때 잊어서는 안 될 것은 네트워크를 형성하는 것과 동시에 정보의 집적거점(集積據點)으로서 각 사업부나 영업, 기술, 제조, 혹은 외부와의 수평 관계를 어떻게 구축할 것인가, 그리고 정보 인프라를 어떻게 구축할 것인가라는 점에 대하여 명확한 비전을 그려둘 일이다. 강조하여 말하면, 현대는 인터넷에 의해 정보가 재빨리

전 세계를 돌아다니는 시대임을 염두에 두면서, 기간업무 시스템을 어떻게 구축해 갈 것인가에 대해서도 제대로 된 생각을 가질 필요가 있다. 그것에 의해서 기업의 우열이나 경영의 질에 상당한 영향을 미칠 것이다.

지금까지의 기업경영에서는 어느 쪽인가 하면, 루틴워크적인 구조와 네트워크 속에서 얼마나 경영자원을 최대한 활용해 가느냐 하는 것이 과제였었다. 그것은 그 나름으로 편한 방식이기는 하였지만, 정보집적거점의 장(長)인 CFO가 사전교섭에만 치닫는다는 부정적인 면도 많이 있었다. 사전교섭에만 치닫는다는 것은 곧 모여드는 정보가 치우쳐 버리고, 또 정보의 배분도 치우쳐 버린다는 것을 의미한다. 그것이 나아가서는 사원의 에너지와 의식을 분산화시켜 회사 전체의 경쟁력을 상실하게 한다는 것은 말할 필요도 없다. 그런데도 어떻게든 해올 수 있었던 것은, 비즈니스 그 자체가 오늘날만큼 복잡하지 않았고, 속도도 그다지 빠르지 않았기 때문이다.

그런데 오늘날처럼 정보전달속도가 빨라지고 또 전달범위가 넓어지면 정보의 치우침, 한정은 예전과는 비교가 되지 않을 정도로 막대한 손실을 가져온다. 특히 글로벌 기업에 있어서의 마이너스는 막대할 것이다. 그 의미로 글로벌 기업에 있어 네트워크의 구축은 회사의 운명을 좌우할 정도로 중요한 의미를 포함하고 있다고 말할 수 있을 것이다.

일본의 글로벌 기업의 경우, 경리에 관해서는 국제회계기준으로 부터 벗어났기 때문에, 경리기능은 현지에 맡긴다는 형태를 취한 기업이 많았다. 하지만 이제부터는 이미 일본만의 독자적인 기준 으로 해 나갈 수는 없다. 따라서 세계동일의 구조를 얼마나 구축해 가느냐 하는 것이 앞으로 일본의 글로벌 기업의 과제임은 확실하 며, 그 때까지 CFO를 중심으로 한 전방위형(全方位型) 정보 네트 워크를 얼마나 구축하는가 이것이 그 기업의 장래를 결정한다고 말해도 결코 지나치지 않다.

여러 번 되풀이하여 서술하지만, CFO에게는 모든 정보가 모여 드는, 말하자면 인기 포지션이고, 그 사용법 여하에 따라 경영의 우열이 결정될 정도로 중요한 포지션이다. 그것을 자각하여, 요구 되는 역할을 제대로 완수해 가면, 포지션의 위치설정이 또 한층 높 아질 것이다.

이전가격 설정의 어려움

글로벌 기업에 있어서 네트워크 만들기의 중요함을 나타내는 한 예로서 이전가격(移轉價格)의 문제가 있다.

이전가격이란, 요컨대 해외의 자회사로부터 일본의 모회사가 부품이나 완성품을 살 경우, 가격을 얼마로 설정하는가 하는 문제인데, 자회사라고 해도 별개법인이고, 그 자회사는 그 나라에 세금을 납부하지 않으면 안 된다. 따라서 이전가격에 의해 납세액도 달라지고, 자회사의 이익률도 달라진다. 물론, 일본의 모회사라고 해도 사정은 같다.

그러면 현지의 자회사에 있어서도 일본의 모회사에 있어서도 가장 타당한 가격은 얼마인가? 이것을 결정하는 것이, 실은 글로벌 기업의 세무, 경리담당자의 골머리를 앓게 하는 부분인데, 이것이 네트워크와 무슨 관계가 있는가 하면, 가격을 타당한 선으로 가지고 가려면 서로 정보를 교환해야 하기 때문이다.

제품을 만드는데 코스트는 얼마 들었는가, 평균적인 시장가격은 어느 정도인가라는 정보를 서로 교환하지 않고서는 타당한 가격을 결정할 수가 없다. 그보다 더 귀찮은 것은, 해외의 자회사와 일본의 모회사의 관계는 일본 내의 본사와 지사와 같은 다이렉트한 관계가 아니라는 점이다. 즉 비록 부모와 자식 관계에 있다고 해도 둘 다 독립한 법인이기 때문에, 어느 일정한 사이를 두고 가격을 결정해 간다는 것이 되므로, 일방적으로 일본의 모회사가 결정할 수는 없다. 그래서 네트워크를 사용한 정보수집이나 발신이 필요하며, 그 네트워크의 정점에 서게 된 CFO가 유럽, 미국, 아시아

등에 흩어져 있는 자회사를 리드해 가는 역할을 담당하고 있는 것이다.

고객의 정보를 잡아라

네트워크가 필요한 것은 따로 회사 내의 정보교환이나 해외 자회사와의 정보교환을 위해서만이 아니다. 고객의 정보를 입수하거나 자사제품의 경쟁력이 어느 정도인지를 알기 위해서 정보를 수집하거나 자사제품의 가격이 타당한가 어떤가를 확인하기 위해서 정보를 수집하거나 하는 등 여러 가지 목적이 있다. 그러한 폭넓은 정보를 모으지 않으면 의사결정에 이상이 생긴다. 예를 들어 매상은 끊임없이 변동하는데, 증가하면 증가한 대로 왜 증가했는가, 줄어들면 줄어든 대로 왜 줄어들었는가, 그 이유를 CFO는 제대로 파악해 둘 필요가 있다.

거기에는 네트워크가 필요하다. 네트워크를 통해 고객동향을 정확하고 시기 적절하게 수집할 수 없다면 재고관리도 잘되지 않을 것이고, 게다가 무엇보다도 판매계획 자체를 세울 수 없다. 또 네트워크를 통해서 고객의 재고정보도 입수해 두지 않는다면, 팔리는지 팔리지 않는 지도 알 수 없게 되어 버린다. 그러한 의미에서 필요한 때에 필요한 만큼의 정보를 언제라도 취할 수 있도록 네트워크망을 넓고 그리고 두텁게 만들어 두지 않으면 안 된다. 그것을 할 수 없다면 경쟁으로부터 뒤떨어져서 최종적으로는 도태되어 버릴 것이다.

경영의 근간을 좌우하는 중요한 정보가 집중하는 것은 역시 경리·재무부문이다. 물론, 다른 부문에도 정보는 들어온다. 그러나 그것은 그 부문에만 필요한 단편적인 정보인 경우가 많아 1년 365일, 언제 어떠한 때라도 정보가 모여드는 체제는 경리, 재무밖에 없다.

그러면, 그렇게 모여든 정보를 지금까지는 어떻게 사용하고 있었는가? 내버리고 있었다면 지나치다고 할지도 모르지만, 유효하게 활용하고 있지 않았다는 것이 정직한 바가 아닐까?

자신의 업무에 직결되는 상법, 세법, 증권거래법에 관한 정보, 혹은 회계, 재무처리에 필요한 정보만을 선택하고, 그 밖의 정보는 버렸던 것이 실정일 것이다. 사실은 귀중한 정보여도 그 가치를 모르면 유효하게 활용할 수 없다. 그 이유도, 자기네들의 역할을 '장부를 지키는 사람'이나 '회사의 금고담당'이라고 한정하고 있었기 때문이다. 또, 긴밀한 관계이어야 할 경리와 재무 사이에서 의견소통이 나쁜 경우를 많이 볼 수 있다. 서로가 정보를 공유하지 못한 상태에서는 기업 파이낸스의 역할을 완수하기란 어려울 것이다.

코어 콘피탄스의 재검토

Chief Financial Officer

코어 콘피탄스

코어 콘피탄스란 일반적으로 타사가 흉내낼 수 없는 우위성을 가지고, 고객에게도 이익을 주는 스킬(skill), 기술, 서비스라고 정의된다. 간단하게 말하면 자기네가 가장 능숙하다고 여기고, 가장 이익을 내는 분야라는 의미가 될 것이다.

기업은 많든 적든 능숙한 분야를 가지고 있다. 그것을 한층 더 강화하여, 다소의 환경변화가 있어도 견딜 수 있는 강인함으로 이끌어 가는 것은 기업존속에 있어 매우 중요한 일이다. 거기에는 다시 지적할 것도 없이, 자신의 회사의 코어 콘피탄스란 무엇인지 제대로 이해해 둘 필요가 있다. 자신의 회사의 코어 콘피탄스를 제대로 파악해 두는 일은 재무전략을 세우는데도 매우 중요하며, 그 강함을 포트폴리오에 짜 넣어 간다든지, 투자를 어느 분야에 집중시키는가라든지 등의 의사결정을 하기 위한 중요한 요소가 된다. 제5장에서 소개했던, 닛산 자동차의 티에리 무론게 CFO의 이야기 속에도 있었던 것처럼 '닛산 리바이벌 플랜'이 성공을 거둔 이유 중의 하나가, 코어 콘피탄스의 재검토였다. 즉 코어 비즈니스인 자동차사업 이외에 들어가던 자산을 매각함으로써, 닛산은 5,000억 엔의 현금을 마련하여, 그것을 자본금으로 삼아 12가지 신차를 일본에서 발매할 수 있었던 것이다. 그러한 극적인 개혁을 할 수 있었던 것도, 모두 코어 콘피탄스를 재고(再考)하였기 때문이며, 종래처럼 경영자원을 집중하는 일이 없었더라면 '닛산 리바이벌 플랜'도 잘 기능했는지 어떤지 의심스럽다. 일본 기업이 경쟁력이 약화된 원인으로서는 시스템이나 프로세스에서 차이가 난 것, 혹은 국제회계기준에 준거해 오지 않았다는 것 등 여러 가지를 생각할 수 있는데, 범위를 너무 넓힌 것도 놓칠 수 없는 큰 요인이라고 할 수 있을 것이다. '우리 회사는 이것도 하고 있습니다. 저것도 하고 있습니다' 라고 득의양양하게 말하는 비즈니스맨은 적지 않다. '그러면 코어 콘피탄스가 되는 것은 무엇입니까?' 라고 물으면, 제대로 된 답이 돌아오지 않는다. 가끔은 '저희의 코어 콘피탄스는 이것입니다' 라고 당당하게 말하는 사람이 있기는 해도, 타사와 큰 차이가 없는 경우가 많다.

그 전형적인 것이 가전 메이커이며, 일본의 가전 메이커는 반도체로부터 PC 본체, 텔레비전, 비디오, 스테레오, 냉장고, 세탁기, 청소기, 조명기구, 에어컨, 전화기, 팩스, 건강기구라는 식으로 온갖 것을 만들고 있다. 그런데도 타사 제품에 대하여 절대적인 우위성을 가진 상품, 차별화된 상품이 있다면 아직 괜찮지만, 모두 다 타사와 닮거나 비슷하다는 상황이어서는 어디에 기업전략이 있는지 보이지 않고, 코어 콘피탄스가 있다고는 말할 수 없다. 게다가 무엇보다도 그런 것이어서는 비즈니스 전선에서 싸워 이기기가 어렵다. 시장 전체의 파이(pie)가 부풀어오를 때는 코어 콘피탄스가 없어도 어느 정도는 승부할 수 있었다. 그러나 파이가 작아지면, 특징적인 기술이나 서비스가 없으면 승리하여 살아남기는 어려워진다. 가전 메이커뿐만 아니라 컴퓨터 관련기업 중에도 하드웨어도 행하고 소프트웨어도 행하고 솔루션이든 뭐든지 한다는 기업이 있는데, 그런 것이어서는 경영자원을 분산시킬 뿐 결코 효율이 좋은 경영이라고는 할 수 없다. 그 뿐만 아니라, 적자부문이 하나나

두 개가 나오면, 기업 전체가 발목이 잡혀서 마침내 도산이라는 케이스도 충분히 예상된다. 그러니까 핵심이 되는 기술, 스킬을 명확하게 해두는 것이 중요하며, 그것이 명확하게 되어 있으면 투자계획 등도 세우기 쉬워진다. 이 분야는 철저하게 강화하자, 이 부문에서는 철수하자라는 지침을 분명히 하면, 신규사업을 어떻게 전개해 갈 것인지, 경쟁사와 어떤 식으로 싸울 것인지, 그 부분이 분명한 형태로 보이게 될 것이다.

반대로 코어 콘피탄스가 명확하지 않으면 어떤 부문을 어떻게 정돈하여 어디서 승부를 걸면 되는지조차 알 수 없게 되어 버린다. 그 때문에 자칫 기업체질을 강화하여 경쟁력을 키우려고 한 일이 오히려 경쟁력을 약화시켰다는 케이스도 적지 않다.

그 사실을 알아차리기 시작한 기업이 많은지, 일본에서도 지금 코어 콘피탄스의 재검토가 급속도로 진행되고 있다. 잘라 버릴 수 있는 것은 잘라 버리고 약한 곳은 철수한다는, 이른바 경영의 슬림화(slim化)가 여기 저기서 진행되고 있는데, 재검토에는 상당한 비용이 든다. 한마디로 채산이 맞지 않는 부문은 잘라 버린다고 해도, 공짜로 할 수는 없으니까, 사업의 축소에 따른 비용과 축소함으로써 얻을 수 있는 이익과의 균형을 어떻게 볼 것인가? 이 부분의 판단은 실로 어렵지만, 리더십을 발휘하면서 완수해 가지 않으면 안 되는 것이 CFO이다.

구조조정으로부터 리엔지니어링으로

　어느 기업도 지금 생존을 건 구조조정과 열심히 대응하고 있다. 어디를 둘러봐도 구조조정뿐이며, 마치 구조조정 경쟁이라도 하는 것 같은 양상을 나타내고 있는데, 구조조정으로 잃는 것도 결코 작지는 않다.

　우선 인재가 나간다. 기업에 쓸모 없는 사람뿐만 아니라, 필요한 인재까지 나가 버린다. '일률적으로 몇 개월 분의 퇴직금을 줍니다' 라고 퇴직희망자를 모집하면 유능한 인재일수록 빨리 그만둘 가능성이 높은 것은, 과거의 사례로부터 보아도 분명하다. 이것은 기업에 있어 매우 심각한 문제이고, 지금 그것 때문에 골머리를 앓는 기업은 넘쳐난다. 하지만 나중에서야 골머리를 앓는다는 것이어서는 너무나도 대책이 없는 꼴이다. 분명히 말하면 '일률적으로 몇 % 늘린 퇴직금을 줄 테니까 응모해 주세요' 라는 방식이 잘못되어 있다. 예를 들어 하드웨어 부문을 철수하기로 결정했을 경우, 하드웨어 부문의 사람이 아무리 우수한 인재라도 그만두게 하자라는 방침이라면 이해할 수 있다. 그런데 부문을 불문하고 '일률적으로 몇 % 늘린……' 이라는 것은 어디에 코어 콘피탄스를 두고 있는지 전혀 알 수 없다. 그 배후에는, 할 수만 있다면 우수한 인재는 남겨두고 싶다는 본심이 있겠지만, 그것은 오히려 마이너스로 작용할 뿐이다. 하드웨어 부문은 철수하지만, 그는 우수하기 때문에 남겨두자라는 것이어서는 회사의 통제상 좋지 않고, 우수하면 우수한 만큼, 언제 또 '하드웨어를 다시 한 번 하자'라고 말할 지도 모른다.

그러니까 비록 우수하다고 해도 철수하겠다고 결정한 부문의 인력은 모두 그만두게 한다는 것이 본래의 구조조정(정리해고)의 방식일 터이다. 적어도 '일률적으로 몇 % 늘린……'이라는 식으로 퇴직희망자를 모집하는 방법은 피해야 할 것이다. 그런 방식을 하면, 코어 콤피탄스를 담당해야 할 우수한 인재까지 나가 버리는 일이 빤히 보인다. 오히려 다른 기업에서 고용해 줄 것이라는 자신감이 있는 그들부터 먼저 사표를 낸다. 그것을 보고 당황하여 만류하려고 해도, 일단 방침을 결정했으면 쉽사리 돌이킬 수는 없다. 그 결과, 우수한 인재의 대량유출이라는 기업에 있어서 일어나서는 안 될 사태가 현실적으로 일어나고 마는 것이다.

그러면 무엇을 위한 구조조정인지 알 수 없게 되어 버리고, 몇 천 명, 몇 만 명의 인력을 해고하여도 기업체질의 강화에는 그다지 도움이 되지 않는 것이 아닐까? 구조조정(정리해고)의 결과, 기업 체질이 약해졌다는 것이어서는 우스갯소리도 되지 않는다.

그런 식으로 실로 이상한 구조조정(정리해고)을 해버리는 것도 전부 코어 콤피탄스를 모르기 때문이다. 자신의 회사는 무엇이 강한가, 어디서 승부를 걸어야 하는가 하는 시점이 정해져 있지 않기 때문에, 그런 식으로 영문을 알 수 없는 구조조정(정리해고)을 해 버리는 것이다. 분명히 구조조정은 필요할 것이다. 그러나 구조조정이란 본래 마이너스 전략이며, 일본의 기업에 지금 요구되는 것은 리엔지니어링이다. 즉 코어 콘피탄스를 명확하게 하고, 거기에 근거하여 전략을 세워 재구축해 가는 것, 이것이 요구되고 있는 것이며, 구조조정(정리해고)은 어디까지나 그 일환으로서 행하는 것이다. 구조조정을 하면 그것으로 끝난다라는 것은 결코 아니다.

그 의미에서 일본의 기업에 있어서 승부는 오히려 지금부터인데, 어느 기업이나 구조조정에만 신경을 쓰고, 리엔지니어링에 대해서는 전혀 염두에 두지 않는 것 같다. 그런 상태로 진정한 변혁을 할 수 있는가 어떤가? 한층 더 경쟁력을 잃어, 쇠퇴의 일로를 걷는 꼴이 되지 않으면 좋지만……

리엔지니어링의 요체

리엔지니어링을 생각하는 경우에는 우선, 가장 득의 있는 분야, 가장 이익이 나오는 분야, 가장 고객에게 받아들여지는 코어 콘피탄스를 결정해 두지 않으면 안 된다. 그리고 코어 콘피탄스는 이것이다라고 결정되면, 그 밖에는 전부 방출해버릴 정도의 각오가 필요하다. 전력이 분산되어 있으면 이길 수 있는 싸움에서도 이길 수 없게 되기 때문이다. 특히 소(小)가 대(大)에게, 약한 것이 강한 것에 싸움을 걸 때에는 전력의 분산은 금물이다.

코어 콤피탄스에 전력을 집중하여, 그 밖의 것은 잘라 버릴 이방법밖에는 활로가 없다. 그런데 일본의 기업은 지금까지 버린다는 일에 대단히 서툴렀다. 요즈음 은행에서 많이 하는 것 같지만, 그것도 발등에 불이 떨어졌기 때문에 할 뿐이며, 결코 주체적으로 하는 것은 아니다. 그 부분에 일본 기업의 약점이 있는 것 같은 느낌이 들지 않을 수 없다.

버블경제로 모은 자금을 밑천으로 삼고 외국의 기업이나 부동산을 매수하는 데에는, 놀랄 만큼이나 결심이 좋았다. 그러나 막상 철수해야 할 처지가 되자 좀처럼 결심하지 못하고, 결국은 오랫동안 계속 질질 끌다가 후퇴할 수밖에 없었고, 오히려 상처를 크게 했을 뿐만 아니라, 빈사(瀕死)할 정도로 큰 상처를 입는 꼴을 당하게 되어 버렸다. 왜 그렇게 되어 버렸는가? 생각건대 방어가 서툴고, 리스크 관리가 전혀 안 되어 있어서 그런 것이 아닐까?

그 옛날, 일본의 육해군(陸海軍)은 진지를 확대하는 데에 열중해서 전략상 별로 중요하지 않은 태평양상의 작은 섬에도 귀중한 전력을 할애하여 주둔시키는 등, 일단 획득한 영토는 절대로 잃지 않으려고 했다.

거기에 대해 미군은 전략상 의의가 없다고 판단하면 미래를 기약하고 바로 철수하였다.

개전(開戰) 후 곧 "I shall return."이라는 말을 남기고 필리핀을 탈출한 맥아더 등이 그 전형이라고 할 수 있는데, 사령관이 맨 먼저 탈출하는 일은 일본의 군대에서는 절대로 생각할 수 없는 일이었다.

그 전략에 대한 인식의 차이가 전력의 차이를 증대시켜서, 결과적으로 크게 패하게 되었다는 논평이 있다. 또, 영토에 집착하는 것은 일본인이 농경민족이기 때문이라는 논평도 있지만, 농경민족 운운(云云)은 별도로 하고, 일본인이 공격에는 자신이 있는 반면, 방어나 철수에 약한 것은 아무래도 틀림없는 것 같다.

일본 기업의 경영자는 장기로 비유하면, 공격밖에 모르는 진전형(進展型) 장기이다. 방어를 하거나 일시적으로 철수하는 것도 승리를 얻기 위해서는 필요한 전략인데, 아무래도 그것이 없다. 공격하는 것, 그리고 진지나 영토를 확대하는 것이 제일 소중하다고 하는 의식이 아직껏 사라지지 않았다.

이 부분을 반성하여 코어 콘피탄스를 재고하지 않는 한, 글로벌화의 물결에 삼켜지고 말 우려가 있다.

브레이크스루(한계돌파)

Chief
Financial
Officer

현상타파야말로 CFO의 사명

일본경제는 과거 10년 이상, 버블 청산에 쫓겨왔는데, 이제 슬슬 브레이크스루(breakthrough), 즉 현상돌파를 목표로 하지 않으면 안 되는 것이 아닐까?

거기에는 앞에서 서술한 코어 콘피탄스를 알고, 경쟁력이 없는 분야는 잘라 버리든 축소하든 하여, 기업체질을 강화해 갈 수밖에 없다. 그것을 위해 지금 많은 기업에서 구조조정을 하고 있는데, 구조조정을 하면 이번에는 자원이 부족해진다. 자원이 부족한 상태로 종래와 같은 방식으로 싸워 보았자 승산은 없다. 그래서 요구되는 것이 무엇인가 새로운 비즈니스 구조를 전개하는 것, 여기에 브레이크스루의 포인트가 있다. 예를 들어 유니크(독특함)를 전면에 내세워, 니치(niche)의 분야에서 승부해 간다는 것이 고려되어도 좋다. 지금까지는 기업규모가 클수록 좋다고 여겨져 왔지만, 작아도 기술이라면 제일, 서비스라면 제일이라는 특색 있는 전략을 내세워 간다. 그런 것에서 돌파구를 찾아내는 것도 한 가지 방법일 것이다. 어쨌든 코어 콤피탄스를 재고하여, 자사의 가장 득의 있는 분야에서 승부를 해 가는 것이 최선의 경쟁방식인데, 일본 경제 전체를 부감(俯瞰)하여 생각하면, 팀워크의 활용이 일본의 장점이 아닐까 하고 생각된다. 미국에서는 최근 들어 팀워크라는 말이 크게 주장되고 있다. 그렇다는 뜻은, 미국인은 본래 팀워크가 좋지 않다, 자신이 없다는 의미가 그 배후에 감춰져 있으며, 이 점에서는 분명히 일본이 우위에 있다. 이 우위성을 활용하지 않을 수는 없고, 예를 들어 프로젝트를 추진해 갈 경우, 지금까지는 부서, 부문을 넘은 팀워크는 있었지만, 오늘부터는 기업이라는 틀을 넘은 팀워크의 구축도 생각해야 할 것이다.

지금까지도 일부에서는 그러한 대응이 행하여지고 있었던 모양이다. 하지만 어딘가 어중간한 느낌도 없지 않아 있어서, 보다 본격적으로 추진해 가야 하지 않을까? 혹은 산업계, 학계라는 틀을 넘은 팀워크, 이른바 산학협동(産學協同)도 일본의 현상을 타파하는 한 가지 돌파구가 될 것임은 틀림없다. 그리고 정보·통신 혁명의 추세에 편승하는 것도 극히 중요하다.

비즈니스의 세계에서는 요즈음 '도그 이어(dog year)'라는 말을 자주 듣게 되었다. 개의 1년은 인간의 7년에 해당하는 데에서부터, 1년이 굉장한 스피드로 지나가 버린다는 의미로 사용되고 있는데, 맹렬한 속도로 나아가는 통신·정보혁명을 따라가지 못하면 비즈니스의 재구축은 한층 더 엄격해진다. 이 정보·통신기술에 의한 비즈니스의 구축. 여기에도 브레이크스루의 큰 포인트가 있다고 해도 좋을 것이다. 그것보다도 가장 중요한 것은 경리·재무 스태프 속에서 우수한 CFO를 길러 가는 일이다. 경리·재무부문은 회사의 정보를 종합적으로 수집하여 활용할 수 있는 환경에 있으므로 여기서부터 우수한 CFO가 나오는 것, 이것이 가장 이상적이라고 말할 수 있는 것이 아닐까?

거기에는 물론, 지금까지 서술해 온 것처럼 CEO가 내세우는 경영 비전에 대해서 부가가치를 높이는 능력, 그리고 다양한 프로젝트를 계획하고 조직하여 달성하는 능력이 불가결하다는 것은 말할 필요도 없다.

글로벌한 환경에서 활약

Chief
Financial
Officer

커뮤니케이션 기술과 자기 어필력을 가져라

일본인도 이제부터 국제무대에서 활약할 기회가 많아질 것이다. 그 때 무시할 수 없는 것이 역시 언어 문제이다.

예를 들어 일본인이 미국에 진출할 경우, 맨 먼저 하는 일은 일본어를 아는 현지 스태프를 고용하는 일이었다. 일본의 영어교육 현상에서 생각하면 그것도 어쩔 수 없는 일인지도 모르지만, 그런

식이어서는 외국인과의 토론도 뜻대로 되지 않을 뿐만 아니라, 터무니없는 오해를 낳게 될 수도 있다. 게다가 무엇보다도 의사전달에 2배 이상의 시간이 걸린다. 이것을 가지고는 스피드화의 시대에 따라 잡을 수 있을 리가 없고, 국제경쟁에서 지는 것은 당연하다. 예를 들어 실리콘밸리에 세계 각국의 경영자가 모여들었는데, 그 속에 일본인 경영자가 있기는 했는데 쉽게 셀 수 있을 정도밖에 없다. 하물며 CFO가 되면 거의 없다시피 하다. 중간 클래스에는 일본인도 있지만, 그 위가 되면 거의 없다는 것이 실정이다. 물론 일본계 기업에는 있을 것이다. 그러나 글로벌한 기업에 한해서 말하면, 우두머리로서 있는 일본인은 매우 적다. 그 이유는 역시 커뮤니케이션 기술이 부족하기 때문일 것이다. 즉 자기 어필(appeal) 능력이 없다는 것, 이것이 가장 큰 이유가 아닐까?

원래 일본인에게는 필요 이상으로 자신을 주장하지 않는 것이 미덕이라는 사상이라고나 할까, 그런 체질이 있다. 게다가 언어 장벽이 있기 때문에 커뮤니케이션 기술을 닦는 것은 꽤 어려운 일이기는 하다. 그러나 지금부터는 어렵다고 내버려둘 수는 없다. 스스로 노력하여 극복해 갈 수밖에 없다.

다만 일본인은, 말의 문제를 제외하면, 실제로 하는 일, 생각하는 것에서는 결코 지지 않았다. 거창한 소리는 하지만 조금도 행하지 않는 외국인보다 실행력에서는 오히려 이기고 있다고 해도 좋다. 그런데 그것을 어필하지 않는다. 일본에서는 일을 꽤 잘하는 사람이라도 미국에 가면 입을 다물어 버린다.

그것이 일본인의 나쁜 점이라고 단언할 수는 없지만, 적어도 손해를 보는 일임은 분명하다. 일본에서라면 묵묵히 노력하고 있어도 그 나름대로 평가를 받을 수 있다. 그러나 외국에서는 어필하지 않으면 평가의 대상이 되지도 못한다.

그러니까 발언할 수 있는 인재를 길러 가지 않으면 안 되고, 스스로 그러한 인재가 되도록 노력해야 한다. 언어 장벽을 해소하여, 두려워하지 말고 적극적으로 발언해 가면 실제로 하는 것, 생각하는 것은 오히려 그들보다 앞선 경우가 많아서 크게 가능성이 있을 것이다.

앞으로 일본의 기업이 외국에 진출하는 일은 더욱 더 많아질 것이다.

그 경우, 외국의 문화를 올바로 인식하여 대응해 가는 일이 필요할 것이다.

또 공장을 외국에 옮길 경우에도 현지의 말, 현지의 문화에 맞추어 간다는 기개도 필요하다. 일본인 스태프들만 모여서 남몰래 조용히 행하고 있다는 것은 이제 시대착오적인 일이다. 좀더 현지에 파고 들어가서, 현지 사람과 교류해 간다는 기개를 가져야 할 것이다. 특히 경리 · 재무담당자나 CFO는 정보의 거점인 셈이므로, 더

욱 더 현지에 파고들지 않으면 안 된다. 그 도전정신으로 도전해

가면, 국제무대에서의 활약장소는 한층 더 넓어질 것이다.

제8장
CFO, 21세기의 역할

CFO, 21세기의 역할

Chief
Financial
Officer

일본에 있어서의 CFO는 아직 태어난 지 얼마 안 된 갓난아기와 같다. 따라서 그 입장, 역할, 책임에 대해서 아직도 확립되지 못한 현상이다. 앞으로 여러 가지 시행착오를 반복하면서, 일본의 기업 풍토에 맞는 CFO상(像)이 만들어지지 않을까 생각된다.

실은, CFO의 발상국인 미국에서도 CFO의 입장, 역할, 책임에 관한 사고방식이 항상 변화하고 있어, 지금 현재도 계속 바뀌고 있다. 그것은 비즈니스가 계속 변화하고 있기 때문이며, 그런 한에는, 미국에서도 앞으로 CFO상이 여러 가지로 변천해 갈 것임은 확실하다. 그러면 CFO의 역할은 어떠한 것이 되어 간다고 예상될 것인가? 이에 대하여 미국 최대의 재무교육기관인 재무 프로페셔널 협회(AFP, 미국 메릴랜드주 소재)가 발행하는 전문지 「AFP Exchange」(2001년 9~10월호)에 게재된 기사를 일부 발췌하여 소개하기로 하겠다.

최고 재무책임자(CFO) – 21세기의 역할

CFO의 책임은 불과 몇 년 전과 비교하여 급속히 변화하고 있다. 이러한 변화를 재촉하는 것은 기업조직의 변화, 즉 구래의 산업형 경제에서부터 새로운 경제 모델로, 바꾸어 말하면 전통적 · 고전적인 생산요소인 토지, 노동력이 자금보다도 더 중요해지고 있는 지적(知的) 자본을 수반하는 경제에의 변화이다.

그 결과, CFO의 역할은 자본 비용을 관리하거나 회계상의 항목이 정확한 것을 확인하거나 적절한 보험 가입이 되어 있음을 확인하거나 하는 이상의 것이 되었다. 새로운 역할을 완수하려면, 비즈니스 기업의 핵이 되는 요소에 대한 깊은 지식이 필요하여, 오페레이셔널한 프로세스(금융 · 재무 업무에 대한 통상업무를 가리킴)의 최적화를 위해 다른 상급관리자와 조화를 취하면서 작업하도록 요구되고 있다. 이들 행동은 CFO가 조직에 대하여 가지는 기본적인 책임, 즉 주주가치의 최대화를 실현하기 위해서 필요하다.

그러면 CFO의 역할 변화에 따라 은행과의 관계, 조직내부에 있어서의 재무부문의 책임, 예산책정과 경리, 재무 코스트 관리, 합병 매수(M&A), 정보기술(IT)은 어떠한 영향을 받는 것일까? 이하, 지금까지 이러한 점이 어떻게 기능해 왔는지, 또 앞으로 어떻게 된다고 생각되는지 서술하고자 한다.

은행과의 관계는 어떻게 관리되어야 할 것인가?

산업형 경제에 대해서는, 융자를 받느냐 받지 않느냐는 금리와 은행과의 관계에 근거하고 있으므로 재무부문은 전통적인 은행 서비스를 이용하여 거래를 처리하고 있었다. 지적 자본경제에 대해서는, 은행차입은 제한되어 CFO 스스로가 융자를 찾아다니지 않으면 안 되는 한편, 중요하지 않은 기능은 외부조직에 위탁하거나 셰어드 서비스센터에 의해 관리된다.

1994년의 리글 닐법〔Riegle-Neal法, 주간영업법(洲間營業法)이라고
도 함. 27년의 맥페이든법(Mc Fadden法)의 주제은행(州際銀行) 업무에
대한 제한을 끝나게 하였다〕과 99년의 그람 리치 브라일리법(Gramm—
Leach—Bliley法, 금융현대화법이라고도 함. 금융 서비스의 규제완화를
행하였다)이 채택될 때까지는, 은행은 특정시장과 금융상품군(金融
商品群)에 제한되고 있었다. 1만 5000개의 은행(1999년 말에 8620행
으로 축소)은 기업융자와 융자 외 비즈니스를 둘러싸고 서로 경쟁
했다. 은행은 기업용 비즈니스를 둘러싸고 격렬하게 경쟁하여 그
결과, 차입자금의 코스트가 저하하였기 때문에 차입금(즉 내부유보
이외의 자금의 이용)의 증가에 공헌했다. (연방준비제도의 통계에 의
하면) 그 비율은 1993년의 10%에서 1999년에는 15%를 넘는 데까
지 달하고 있다.

현금 매니지먼트 서비스에 대해서는, 은행부문은 분명히 격렬한
경쟁 상황으로부터 과점구조(寡占構造)로 이행해 오고 있다. 어느
최근의 서베이에 의하면, 은행업무의 과점화경향(寡占化傾向)은 5
년간에 배로 증가하여 현금 매니지먼트로부터의 수익 전체 속에서
대은행이 차지하는 비율은 1994년에는 27%이었던 것이, 현재 47%
에까지 달하고 있다(주 1). 이 상위 5개 은행은 그 다음의 5개 은행

그룹에 비하여 2.5배 이상의 국내업무수준을 자랑하고 있다.

⑨ 지금부터

은행은 융자업무로부터의 수익과 그 밖의 금융 서비스 회사의 수익을 비교하여 자본을 배분할 수 있게 되었다. 상업융자와 현금 매니지먼트는 이익이 그다지 오르지 않는 업무이며, 은행의 희소한 금융 리소스(자원)는 보다 큰 이윤을 낳는 금융 서비스인 M&A 활동이나 소비자금융, 그 밖의 용도를 위해서 배분할 수 있다는 것을 은행은 보다 정확한 원가계산 시스템을 이용하여 겨우 인식하기 시작했다.

이 결과, AFP의 '단기 금융시장 동향 서베이'가 나타내듯이, 기업 측은 은행으로부터의 한층 더 차가운 대응에 직면하고 있어 최근에는, 은행융자는 모든 기업 차입의 절반을 차지하고 있지만, 2001년까지 약 37%로 저하하리라고 예측되고 있다(주 2).

거기서 CFO는 금융계의 세일즈맨이 되어가고 있으며, 로드쇼로서 그들의 '스토리'를 등급설정기관, 대주주, 투자은행가나 저널리스트에 팔러 다니게 된다. 은행이 융자 업무를 꺼리게 된 것에서부터 잠재적인 융자 콘택트의 수는 현저하게 증가한 것임이 틀림없고, 장기간에 걸쳐 관계가 있던 은행에 융자 외의 비즈니스를 새로 할당할 것을 약속하여, 비위를 맞추지 않을 수 없게 되었다.

시중은행 이외에서 자본을 구하지 않을 수밖에 없게 된 회사에 있어 대체(代替) 가능한 자금원은 다양한 비금융기관이다. 이렇게 해서 신구(新舊) 경제의 기업이 입수 가능한 한정된 자본을 둘러싸고 경쟁하는 가운데, 신용도, 규모 및 수익성에 근거한 자본배분을 피할 수 없게 된다. CFO는 새로운 투자 계획에 엄밀한 자금할당을 행하여, 기업의 전략적 미션(임무)을 완성하기 위해서 파트너와 협조하여 자금을 조달해야 한다. 그렇다고는 하지만, 융자 안건속에는 실현되지 않거나 자본의 안전이 확보되지 않는 것도 있을수 있을 것이다.

조직 내부에서의 재무부문의 책임이란 무엇인가?

산업형 사회에 있어서 재무부문은 자본을 제공하여 회계보고를 하는 데에 책임을 가지고 있었다. 지적 자본경제에서는 재무부문의 역할은 한층 더 확대하고 있어, 거의 모든 중요한 비즈니스 기능이 되기에 이르렀다.

재무부문은 전통적으로는 다른 라인이나 직원의 활동과 분리되어 회계, 재무 및 보험업무에 초점을 맞춘 명령권한이 없는 고립된 부문이었다.

전형적인 CFO 스태프는 기업의 통상 활동에는 흥미가 없고, 개개의 지불과 입금이 재고, 노무, 판매라는 현실의 비즈니스에 있어 무엇을 가리키고 있는지 전적으로 모르는 경우도 자주 있었다. 경리담당임원, 경리부장이나 그 밖의 자금관리자는 고객의 방문시에 판매부문과 동석하는 경우도 없었고, 생산라인에 관해서 약간의 시간을 소비하는 경우도 없었으며, 또 정보 시스템 문제에 대하여 검토하는 경우도 없었다. 오히려 그들은 컴퓨터의 디스플레이에 비추어진 숫자의 진정한 의미를 이해하는 일도 없었고, 자신의 사무실의 기분 좋은 공간 속에 틀어박히는 경향이 있었다.

지금부터

기업에 있어서 모든 기능의 상호관계가 증대하고 있으므로 재무부문은 고립 부문이 아닌 상태로 되어가고 있다. 이러한 변화에 대해서는 다음과 같은 이유가 있다.

* 경쟁

일반적으로 납품 기업과 구입 기업과의 관계는, 장기에 걸쳐 확립된 상호관계에 근거하여 친밀하다. 그러나 장래의 비즈니스 환경에 있어서는, 지구규모의 경쟁에 대한 보다 적극적 대응이 필요하다. 적극적으로 대응하지 않으면 아마 몇십 년이나 '안전'하다고 여겨져 온 시장의 지위를 잃는 결과가 될 것이다. CFO는 회사가 생산적이며 효율적인 것을 보증할 책임이 있다. 그것을 위해서는 기업의 다른 부서와의 계속적인 상호관계가 요구된다.

* 자본 코스트

과거 30년 동안 부채와 주식자본의 코스트의 현저한 상승(1970년과 비교하여 현재는 약 2.5배) 때문에 CFO는 장래 리턴(return)이 의심스러운 프로젝트에의 투자에 관해서 이해하고 결정해야 하게끔 되었다. 이러한 정세에 의해 재무 매니저는 회사의 많은 활동에 참가하도록 요구되고 있다.

* 전자상거래(電子商去來)

2000년 및 2001년에 많은 인터넷 관련주가가 폭락했음에도 불구하고, 2010년까지 B2B[비즈니스 대(對) 비즈니스] 시장이 수 조 달러 규모의 시장에 이른다고 생각하는 전문가는 많다. 전자상거래는 재(財) 및 서비스 판매자와 구매자 사이의 유저 프렌들리(user-friendly, 사용하기 편함)한 거래, 지구규모의 시장에의 액세스(access) 및 최소한의 거래비용을 가능하게 하고 있다. 전자데이터교환(EDI) 프로토콜의 엄밀함 및 EDI 포맷의 실시에 필요한 비용과 시간, 종이에서 전자매체에의 변환은 아직 불충분한 단계에 있으므로 앞으로 새로운 변화를 유발할 것이다.

예산책정과 경리활동은 어떻게 다루어져야 할 것인가

산업형 경제에 대해서는, 경영자는 고정예산에 근거하여 행동해왔다. 지적 자본경제에 대해서는, 동태적(動態的) 계획화(다이내믹 플래닝)가 필수이며 예산은 항상 수정되게 된다.

⫸ 지금까지

빌리는 쪽과 빌려주는 쪽의 계산은 장부항목에 집약되어, 회계사는 그것에 의해 계산서나 결산보고서를 준비할 수 있었다. 이것들은 모두 과거, 즉 실제의 비용과 수입의 점에서도, 매상고와 이윤의 관계에 있어서도, 지나간 것을 리포트하고 있다. 재고자산평가의 후입선출법(後入先出法) 상품, 원자재의 구입단가가 변동하였을 때, 기말(期末) 재고를 오래된 쪽의 원가로서 평가하는 것, 인플레이션하에서 견실한 이익을 계상(計上)하는 데에 적합하다. 이처럼 실제 비용을 왜곡할 만한 관습을 사용한 보고도 있었다.

글로벌 경제에 있어서도, 기업은 나라마다 현지통화, 현지언어 및 습관을 사용하여 재무상의 성과를 보고하고 있다. 결산보고는 전 세계 규모의 보고를 목적으로 하여 통합할 필요가 있는데, 제품이나 고객, 시장의 수익성 등을 결정하기 위해 얻을 수 있는 경영상의 정보는 한정되어 있었다. 예산책정은 차기의 지출을 컨트롤하기 위해서 필요했다. 그러나 이 프로세스는 흔히 정적(靜的)인 것이며, 한 번 예산이 결정되면 새로운 가능성이나 과제를 반영하기 위해서 변경하기가 어려웠다. 수입은 종래의 가격이 바뀌지 않는다고 가정하고 있어, 가격은 인플레이션이나 디플레이션에 의해서도, 또 강력한 경쟁자의 출현에 의해도 많이 변화할 가능성이 있다. 비용도 이와 같이 예측할 수 없는 사건이 일어날지도 모르는데, 과거와의 연속성을 전제로 하고 있다.

재고자산평가 : 여기서의 의미는 결산·정리를 위하여 현재 가지고 있는 상품·제품 등의 수량을 조사하여 그 가액(價額)을 계산하는 일. stocktaking

CFO가 재무의 업무영역을 확장함으로써 예산이나 회계보고가 실천적으로 이용되게 될 것이다. 기업 내의 직무 상호관계에는, 비즈니스의 각각의 요소가 어떻게 기능하고 있는지 신뢰할 만한 리얼타임의 정보가 필요하며, 그것은 관계관리직 이외에는 도움이 되지 않는 죽은 보고가 아니다.

EU와의 경쟁, 유로(영국을 제외함)가 유럽의 통화로서 받아들여진 것 등의 국제적인 변동은 제품의 수익성에 근거한 의미 있는 지구규모에서의 회계보고 개발을 촉진한다. 이것은 회계 데이터의 시종일관된 정의, 표준화된 제도 및 모든 거래에 대한 단일통화를 요구하게 될 것이다.

계획화는 연속적인 회계 데이터에 근거하여 리얼타임으로 입수 가능한 것이 될 것이다. 그 결과, 회계의 결산시기는 가상의 것이 되어 결산기 종료 후, 10일부터 15일 등이 아니라, 몇 시간 만에 보고되게 된다. 매상, 경비, 이윤, 경쟁적인 행동 및 예산 대(對)실적에 관한 끊임없는 데이터의 흐름에 근거하여 예산은 수정된다. 이익이 나오는 활동이 발견되어 평가되는 한편, 보잘것없는 투기적 활동은 비효율성이 없는지 검사되어 이를 수정하기 위한 결정이 내려질 것이다.

재무기능의 지출은 어떻게 관리되어야 할 것인가?

산업형 경제에 대해서는, 코스트를 내리기 위한 포인트는 전통적인 비용 삭감의 메커니즘에 놓여져 있었다. 지적 자본경제에 대해 내부개선, 셰어드 서비스와 아웃소싱에 대해 배려될 것이다.

⫸ 지금까지

재무부문은 이전에는 회계장부의 작성, 현금수지의 계산, 전표스톡의 정리, 차입용 필요서류의 검사, 은행계좌의 관리 등의 활동을 관리하기 위해 폭넓게 전문가나 사무요원을 거느리고 있었다. 비용삭감의 압력은 인원의 삭감을 동반하는데, 기계화의 진전에 의해 보완되어 왔다.

자금관리자는 은행이나 판매업자로부터의 청구액을 사정하여, 또 정보 리포트료(料), 보관 · 집중 · 배분 서비스, 융자 어랜지(arrange, 융자구성) 및 회계보수나 보험부금(保險賦金 : 일정한 기간마다 내는 보험금)을 낮게 하는 교섭도 할 수 있었다. 규제상의 제약 탓으로 은행은 경쟁적인 환경에 직면하고 있어, 적절한 리턴을 취하는 서비스 가격을 설정할 수 없었다.

융자 이외의 은행 서비스에 있어서의 과점화 현상과 상업융자의 축소화와 더불어, CFO는 가격인하 교섭에 응하지 않는 정가로 제공되는 서비스와 신용등급에 조우(遭遇)하기 시작했다. 그 결과, 내부개량, 셰어드 서비스와 아웃소싱을 재무기능관련 지출을 관리할 때에 고려할 필요가 있다.

비용결정이 복잡한 업무라는 것은, 어느 조직에 있어서도 비용을 구성하는 많은 요소가 다양한 부문에 걸쳐 있기 때문이다. 예를 들어 수금업무는 우편, 회계, 재무, 정보 시스템 및 고객 서비스의 적어도 5가지 조직 유닛과 관련된다.

그렇지만 한 차례 관련되는 비용의 범주가 확립되면 자금관리자는 다양한 내부개량의 임팩트를 고려할 수 있게 된다. 예를 들어 수금업무라면 파트타임 노동력의 이용, 거래 은행으로부터 주어지는 편의의 개선 및 메인 프레임형 컴퓨터가 아니라 개인용 컴퓨터를 사용하는 것 등을 통해서 거점의 통합, 대여금고(貸與金庫), 인원감축의 강화를 꾀하는 것이 가능하다.

M&A의 기회는 어떻게 평가되어야 할 것인가?

산업형 경제에 대해서는, 기업재무의 방법론에서는 통상업무부문과 재무부문의 상승효과(시너지)가 평가되고 있었다. 지적 자본 경제에 대해서는, M&A의 결정은 리스크 측정을 구체화하여 글로벌한 포트폴리오 이론에 근거하여 행하여져야 할 것이다.

⑳ 지금까지

지난 반세기 사이, 기업금융은 할인 현금 플로(DCF) 기술을 이용하여, M&A 활동에의 투자를 평가하고 있었다. 장기적으로는 M&A에 의해 수입의 증대와 비용 삭감의 조합을 통해서 서서히 긍정적인 이익이 나타나리라고 가정되어 왔다. 그러나 과잉 프리미엄의 지불, 투자은행가로부터의 나쁜 조언, 특히 흡수된 회사에 있어서의 사기(士氣) 및 리더십의 문제 및 타이밍과 집행 등 여러 가지 원인 때문에, 아마도 4개 중 3개의 M&A계약은 기대된 결과를 얻을 수 없었다.

많은 거래가 투자가와 애널리스트의 성장에의 욕구를 채우려고 하는 욕망에 의해 동기 지어졌던 듯했다. 물론, 내부로부터의 확대에 의한 것보다도 합병에 의한 편이 성장은 틀림없이 빠르다. 그 결과, 많은 합병은 비슷한 유형의 기업 간에서 실시되어 리스크를 관리하기 위해서 검토를 거듭하여 자산 포트폴리오를 구축하는 합병이 아니라, 고객을 '구입'하는 종류의 결과로 끝나고 있다.

◀)) 지금부터

수입과 고객 베이스의 증대는 비용 삭감과 더불어, 앞으로도 M&A를 의사결정할 때 불가결한 요소겠지만, CFO는 기업에 있어서의 리스크와 리턴에 대한 투자 포트폴리오의 구축을 강조하게 될 것이다. 합병에서 문제가 자주 발생하는 것은, 신 조직의 각 구성부분으로부터의 리턴에 진정한 상관이 있기 때문에 호황기에는 주식 리턴이 증대하지만, 경기 후퇴기에는 손실이 되기 때문이다.

보완적인 비즈니스를 흡수함으로써 리스크를 다양화하려고 의식해서 결정을 내리면, 장기적 전략이 성공할 가능성이 높아져, 합병 리스크를 인하하는데 도움이 될 것이다.

M&A활동은 이러한 자산의 재배치에 의해 주주 리턴을 높여 수익을 올리지 못하는 자산을 방폐함으로써 신구 쌍방의 기업의 구조조정을 돕게 될 것이다.

IT에 있어 CFO는 어떠한 역할을 담당해야 할 것인가?

산업형 경제에 대해서는, IT에 관한 결정은 정보관련 상급담당자에 의해 행해져 CFO에 의해 서포트되고 있었다. 지적 자본경제에 대해서는, CFO와 정보담당자는 평등한 파트너이다.

⫸ 지금까지

기기의 구입, 특히 조직 전체에 영향을 주는 시스템에 관한 결정은, 많은 정보 어플리케이션에는 상당히 큰 자금 면의 영향이 있음에도 불구하고 IT부서에 의해 담당되고 있었다. 1990년대에는 일반대장(一般臺帳)이나 인보이스, 외상판매금, 외상매입대금 및 재무정보라는 관련 시스템을 포함한 기업정보계획(ERP) 시스템이 광범위하게 받아들여지고 있었다. 많은 장면에서 CFO는 ERP나 그밖의 소프트웨어, 컴퓨터 하드웨어 내지는 통신기기 도입에 관한 결정을 비용이나 그 운용에 관한 노동력, 혹은 적절함에 관계 없이 서포트하도록 명령되었다.

ERP 시장이 연간 500억 달러에 이르는 가운데(주 3), CFO는 앞으로의 투자결정에 대해서 영향력을 행사할 것이다. 재무부문은 기업에 있어서의 IT투자의 가치를 결정하여, 투자목표달성을 보증하여 결정이 얼마나 훌륭한 결과를 낳는지 분명히 하지 않으면 안 된다.

많은 정보기기 관련의 결정은 자본이나 시간 및 조직상의 협조를 이용하는 것부터 얻을 수 있는 리턴을 충분히 분석하는 것이 아니라, 근거도 없이 결정되고 있다. 21세기의 뉴 이코노미 기업에 있어서 가치의 원천은 물리적인 자산 등이 아니라 정보이며, 이 자산을 보호하여 경제적으로 잘 이용하는 것에 대한 책임에는 분명한 형태를 주는 것이 불가결하다.

다양한 과제

CFO는 터무니없이 복잡하고 다이내믹한 비즈니스 환경에 직면하고 있어, 이 환경은 회장이나 CEO로서의 비즈니스의 성공을 위해서도 중요한 것이다. 이 리뷰(review)에서 접한 6가지 분야는 극히 중요한데, 내일의 CFO가 직면하는 무수한 과제 중에 극히 일부분을 나타낸 것에 지나지 않는다. 그 밖에도 원가계산 시스템(활동기준의 원가계산도 포함함), 세금, 리스크 관리, 지적 자본의 평가와 보호, 배당정책과 주주재매입(株主再買入) 프로그램, 품질 프로그램의 실시 및 등급설정기관과의 관계 등이 있다. 이러한 다양한 과제가 새로운 세기의 CFO의 역할을 결정하게 될 것이다.

(주 1) "1998 Ernest & Young Cash Management Services Survey" TMA Journal(Sept/Oct. 1998), p. 40~46.

(주 2) "AFP Survey Shows Shift in Credit Resources," AFP Pulse(Feb. 2000) p. 1, 7.

(주 3) Fan Hansen, "Drivers of Finance", Supplement to Business Finance, Feb. 1999, p. 2~5, at5에 있어 언급된 AMR Research에 의한 추계(推計).

가림출판사 · 가림M&B · 가림Let's에서 나온 책들

문 학

바늘구멍
켄 폴리트 지음 · 홍영의 옮김

미국 추리작가 협회의 최우수 장편상을 받은 초유의 베스트 셀러로 전쟁을 통한 두뇌싸움을 치밀하고 밀도 있게 그려낸 추리소설. 신국판 / 342쪽 / 5,300원

레베카의 열쇠
켄 폴리트 지음 · 손연숙 옮김

최고의 모험, 폭력, 음모 그리고 미국적인 열정 속에 담긴 두 남녀의 사랑이야기를 독자들의 상상을 뒤엎는 확실한 긴장감으로 마지막까지 흥미진진한 켄 폴리트의 장편 추리소설. 신국판 / 492쪽 / 6,800원

암병선
니시무라 쥬코 지음 · 홍영의 옮김

암병선을 무대로 인간생명의 존엄성을 지키기 위해 불의와 맞서는 시라도리 선장의 꿋꿋한 의지와 애절한 암환자들의 심리가 생생하게 묘사된 근래 보기드문 걸작. 신국판 / 300쪽 / 4,800원

첫키스한 얘기 말해도 될까
김정미 외 7명 지음

이 시대의 젊은 작가 8명이 가슴속 깊이 간직했던 나만의 소중한 이야기를 살짝 털어놓은 상큼한 비밀 이야기. 신국판 / 228쪽 / 4,000원

사미인곡 上 · 中 · 下
김충호 지음

파란만장한 일생을 보낸 정철의 생애를 통해 난세를 살아가는 우리에게 삶의 지혜와 기쁨을 선사하는 대하 역사 소설. 신국판 / 각 권 5,000원

이내의 끝자리
박수완 스님 지음

앞만 보고 살아가는 우리에게 자신을 뒤돌아볼 수 있는 여유를 갖게 해주는 승려시인의 가슴을 울리는 주옥 같은 시집. 국판변형 / 132쪽 / 3,000원

너는 왜 나에게 다가서야 했는지
김충호 지음

세상에 대한 사랑의 아픔, 그리움, 영혼에 대한 고뇌를 달래야 했던 시인이 살아 있는 영혼을 지닌 이들에게 전하는 사랑의 메시지. 국판변형 / 124쪽 / 3,000원

세계의 명언
편집부 엮음

위인이나 유명인들의 글, 연설문 혹은 각 나라에서 전해져 오는 속담을 통하여 지난날을 되새겨보는 백과전서로서, 오늘을 반성하는 교과서로서, 그리고 미래를 설계하는 참고서로서 역할을 해줄 것이다. 신국판 / 322쪽 / 5,000원

여자가 알아야 할 101가지 지혜
제인 아서 엮음 · 지창국 옮김

남녀가 함께 살면서 경험으로 터득한 의미심장하면서도 재미있는 조언들을 발췌한 내용으로 독신의 삶을 청산하려는 이들이 알아야 할 유용하고 상상력 풍부한 힌트로 가득찬 감동의 메시지이다. 4 · 6판 / 132쪽 / 5,000원

현명한 사람이 읽는 지혜로운 이야기
이정민 엮음

현대를 살아가는 우리들에게 삶의 가치를 부여해주고 자기 성찰의 기회를 갖게 해준다. 신국판 / 236쪽 / 6,500원

성공적인 표정이 당신을 바꾼다
마츠오 도오루 지음 · 홍영의 옮김

자신뿐만 아니라 주위 사람들의 마이너스 사고를 플러스 사고로 바꾸어서 사람의 마음을 움직이며, 그리고 사람의 마음에 남는 최고의 웃는 얼굴을 만드는 비법 총망라! 신국판 / 240쪽 / 7,500원

태양의 법
오오카와 류우호오 지음 · 민병수 옮김

불법 진리 사상의 윤곽과 그 목적 · 사명을 명백히 함으로써 한 사람 한사람의 인간이 깨달음을 추구하고 영적으로 깨우치기 위한 명확한 방향을 제시하였다. 신국판 / 246쪽 / 8,500원

영원의 법
오오카와 류우호오 지음 · 민병수 옮김

일찍이 설해졌던 적도 없고 앞으로도 설해지지 않을 구원의 진리를 한 권의 책에 이론적 형태로 응축한 기본 삼법의 완결편. 신국판 / 240쪽 / 8,000원

석가의 본심
오오카와 류우호오 지음 · 민병수 옮김

소승불교와 대승불교를 아우르면서 석가모니의 사고방식을 현대인들에 맞게 쓴 책. 이 책을 통해 석가모니의 사고에 쉽게 접근하지 못하는 현대인들이 친근하게 석가모니에게 다가설 수 있을 것이다. 신국판 / 246쪽 / 10,000원

옛 사람들의 재치와 웃음
강형중 · 김경익 편저

옛 사람들의 재치와 해학을 통해 한문의 묘미를 터득하고 한자를 재미있게 배우며 유머감각까지 높일 수 있는 일석삼조의 효과 만점. 신국판 / 316쪽 / 8,000원

지혜의 샘터
쇼펜하우어 지음 · 김충호 엮음

쇼펜하우어의 철학체계를 통하여 풍요로운 삶의 지혜를 얻고 기쁨을 얻을 수 있도록 꾸며 놓은 철학이야기. 4 · 6판 양장본 / 160쪽 / 4,300원

헤세가 너에게
헤르만 헤세 지음 · 홍영의 엮음

순수한 애정과 자유를 갈구하는 헤세의 아름다운 세상을 통한

깨끗한 정신세계를 공유할 수 있는 기회를 제공.
4·6판 양장본 / 144쪽 / 4,500원

사랑보다 소중한 삶의 의미
크리슈나무르티 지음 · 최윤영 엮음

금세기 최고의 사상가이자 철학자인 크리슈나무르티가 인간의 정신적 사고의 구조와 본질을 규명하여 인간의 삶에 대한 가장 완벽한 해답을 제시. 신국판 / 180쪽 / 4,000원

장자-어찌하여 알 속에 털이 있다 하는가
홍영의 엮음

동양 사상의 저변에 흐르고 있는 자연에의 경외감을 유감없이 표현한 장자를 통하여 인간 본연의 자세로 돌아가 나를 돌아보는 계기를 만들어 주는 책. 4·6판 / 180쪽 / 4,000원

논어-배우고 때로 익히면 즐겁지 아니한가
신도회 엮음

인간에게 필요불가결한 윤리와 도덕생활의 교훈들을 평이한 문제로 광범위하게 집약한 논어의 모든 것!!
4·6판 / 180쪽 / 4,000원

맹자-가까이 있는데 어찌 먼 데서 구하려 하는가
홍영의 엮음

반성과 자책을 통해 잃어버린 양심을 수습하고 선으로 복귀할 것을 천명하는 맹자 사상의 집대성!! 4·6판 / 180쪽 / 4,000원

아름다운 세상을 만드는 사랑의 메시지 365
DuMont monte Verlag 엮음 / 정성호 옮김

독일에서 출간 이후 1백만 권 이상 판매된 베스트셀러.인생에서 특별히 소중한 사람을 행복하게 만드는 독창적인 사랑고백법 365가지를 수록한 마음이 따뜻해지는 책.

4·6판 변형 / 240쪽 / 8,000원

건 강

식초건강요법
건강식품연구회 엮음 · 신재용(해성한의원 원장) 감수

가장 쉽게 구할 수 있고 경제적인 식품이면서 상상할 수 없을 정도로 뛰어난 약효를 지닌 식초의 모든 것을 담은 건강지침서! 신국판 / 224쪽 / 6,000원

아름다운 피부미용법
이순희(한독피부미용학원 원장) 지음

피부조직에 대한 기초 이론과 우리 몸의 생리를 알려줌으로써 아름다운 피부, 젊은 피부를 오래 유지할 수 있는 비결 제시!
신국판 / 296쪽 / 6,000원

버섯건강요법
김병각 외 6명 지음

종양 억제율 100%에 가까운 96.7%를 나타내는 기적의 약용버섯 등 신비의 버섯을 통하여 암을 치료하고 비만, 당뇨, 고혈압, 동맥경화 등 각종 성인병 예방을 위한 생활 건강 지침서!
신국판 / 286쪽 / 8,000원

성인병과 암을 정복하는 유기게르마늄
이상현 편저 · 캬오 샤오이 감수

최근 들어 각광을 받고 있는 새로운 치료제인 유기게르마늄을 통한 성인병, 각종 암의 치료에 대해 상세히 소개.
신국판 / 312쪽 / 9,500원

난치성 피부병
생약효소연구원 지음

현대의학으로도 치유불가능했던 난치성 피부병인 건선·아토피(태열)의 완치요법이 수록된 건강 지침서.
신국판 / 232쪽 / 7,500원

新 방약합편
정도명 편역

약물의 성질과 효능을 쉽게 꾸며 놓아 자신의 병을 알고 증세에 맞춰 스스로 처방을 할 수 있는 가정 한방 주치의 역할을 해준다. 증상과 처방에 따라 가정에서 조제할 수 있는 보약 506가지 수록. 신국판 / 416쪽 / 15,000원

자연치료의학
오홍근(신경정신과 의학박사 · 자연의학박사) 지음

대한민국 최초의 자연의학박사가 밝힌 신비의 자연치료의학으로 자연산물을 이용하여 부작용 없이 치료하는 건강 생활 비법 공개!! 신국판 / 472쪽 / 15,000원

약초의 활용과 가정한방
이인성 지음

현대과학이 밝혀낸 약초의 신비와 활용방법을 수록하여 가정에서도 주변의 흔한 식물과 약초를 활용하여 각종 질병을 간편하게 예방 · 치료할 수 있는 비법제시. 신국판 / 384쪽 / 8,500원

역전의학
이시하라 유미 지음 · 유태종 감수

일반상식으로 알고 있는 건강상식에 대해 전혀 새로운 관점에서 비판하고 아울러 새로운 방법들을 제시한 건강 혁명 서적!!
신국판 / 286쪽 / 8,500원

이순희식 순수피부미용법
이순희(한독피부미용학원 원장) 지음

자신의 피부에 맞는 관리법으로 스스로 피부관리를 할 수 있는 방법을 제시하고 책 속 부록으로 천연팩 재료 사전과 피부 타입별 팩 고르기. 신국판 / 304쪽 / 7,000원

21세기 당뇨병 예방과 치료법
이현철(연세대 의대 내과 교수) 지음

세계 최초 유전자 치료법을 개발한 저자가 당뇨병과 대항하여 가장 확실하게 이길 수 있는 당뇨병에 대한 올바른 이론과 발병시 대처 방법을 상세히 수록! 신국판 / 360쪽 / 9,500원

신재용의 민의학 동의보감
신재용(해성한의원 원장) 지음

주변의 흔한 먹거리를 이용하여 신비의 명약이나 보약으로 활용할 수 있는 건강 지침서로서 저자가 TV나 라디오에서 다 밝히지 못한 한방 및 민간요법까지 상세히 수록!!
신국판 / 476쪽 / 10,000원

치매 알면 치매 이긴다
배오성(백상한방병원 원장) 지음

자연의 생기를 빨아들이면서 마음을 다스리는 B.O.S.요법으로 뇌세포의 기능을 활성화시키고 엔돌핀의 분비효과를 극대화시켜 증상에 맞는 한약 처방을 병행하여 치매를 치유하는 획기적

인 치유법 제시. 신국판 / 312쪽 / 10,000원

21세기 건강혁명 밥상 위의 보약 생식
최경순 지음

항암식품으로, 다이어트식으로, 젊고 탄력적인 피부를 유지할
수 있게 해주는 자연식으로의 생식을 소개하여 현대인들의 건
강 길라잡이가 되도록 하였다. 신국판 / 348쪽 / 9,800원

기치유와 기공수련
윤한홍(기치유 연구회 회장) 지음

기 수련을 통해 길러지는 기치유는 누구나 노력만 하면 개발할
수 있고 활용할 수 있는 능력임을 강조하는 저자가 기 수련 방
법과 기치유 개발 방법을 자세하게 소개하고 있다.
신국판 / 340쪽 / 12,000원

만병의 근원 스트레스 원인과 퇴치
김지혁(김지혁한의원 원장) 지음

현대를 살아가는 사람들에게 스트레스는 피할 수 없는 존재.
만병의 근원인 스트레스를 속속들이 파헤치고 예방법까지 속
시원하게 제시!! 신국판 / 324쪽 / 9,500원

김종성 박사의 뇌졸중 119
김종성 지음

우리나라 사망원인 1위. 뇌졸중 분야의 최고 권위자인 저자가
일상생활에서의 건강관리부터 환자간호에 이르기까지 뇌졸중
의 예방, 치료법 등 모든 것 수록. 신국판 / 356쪽 / 12,000원

탈모 예방과 모발 클리닉
장정훈 · 전재홍 지음

미용적인 측면과 우리가 일상적으로 고민하고 궁금해 하는 털
에 관한 내용들을 저자들의 치료 경험을 토대로 다양하고 재미
있게 예들을 들어가면서 흥미롭게 풀어간 것이 이 책의 특징.
신국판 / 252쪽 / 8,000원

구태규의 100% 성공 다이어트
구태규 지음

하이틴 영화배우의 다이어트 체험서.
저자만의 다이어트법을 제시하면서 바람직한 다이어트에 대해
서도 알려준다. 건강하게 날씬해지고 싶은 사람들을 위한 필독
서! 4 · 6배판 변형 / 240쪽 / 9,900원

암 예방과 치료법
이춘기 지음

암환자와 가족들을 위해서 암의 치료방법에서부터 합병증의
예방 및 암이 생기기 전에 알 수 있는 방법에 이르기까지 상세
하게 해설해 놓은 책. 신국판 / 296쪽 / 11,000원

알기 쉬운 위장병 예방과 치료법
민영일 지음

소화기관인 위와 관련 기관들의 여러 질환을 발병 원인, 증상,
치료법을 중심으로 알기 쉽게 해설해 놓은 건강서.
속이 쓰리거나 음식을 삼킬 때 가슴이 막히는 증상 때문에 걱
정이 되는 독자들은 이 책으로 근심을 한 방에 날려버릴 수 있
다. 신국판 / 328쪽 / 9,900원

이온 체내혁명
노보루 야마노이 지음 · 김병관 옮김

음이온의 생성, 음이온이 많은 환경, 음이온이 건강에 미치는
영향 등을 구체적인 실험사례를 들어가면서 설명한 신개념의
건강서. 새로운 건강관리 이론으로 주목을 받고 있는 음이온을
통해 건강을 돌볼 수 있는 방법 제시. 신국판 / 272쪽 / 9,500원

어혈과 사혈요법
정지천 지음

침과 부항요법 등을 사용하여 피를 맑게 함으로써 모든 질병을
다스릴 수 방법과 우리 주변에서 흔하게 접할 수 있는 각 질병
의 상황별 처치를 혈자리 그림과 함께 상세하고 쉽게 해설.
신국판 / 308쪽 / 12,000원

약손 경락마사지로 건강미인 만들기
고정환 지음

경락과 민족 고유의 정신 약손을 결합시킨 약손 성형경락 마사
지로 수술하지 않고도 자신이 원하는 부위를 고치는 방법을 제
시하는 건강 미용서. 4×6배판 변형 / 284쪽 / 15,000원

정유정의 LOVE DIET
정유정 지음

널리 알려진 온갖 다이어트 방법으로 살을 빼려고 노력했던 저
자의 고통스러웠던 다이어트 체험담이 실려 있어 지금 살 때문
에 고민하는 사람들이 가슴에 와 닿는 나만의 다이어트 계획을
나름대로 세울 수 있을 것이다. 4×6배판 변형 / 196쪽 / 10,500원

머리에서 발끝까지 예뻐지는 부분다이어트
신상만 · 김선민 지음

부분비만으로 고민하고 있는 사람들을 위해 부분비만 다이어
트 방법을 상세히 설명하고 있다. 한약을 먹거나 침을 맞아 살
을 빼는 방법, 아로마요법을 이용한 다이어트법, 운동을 이용
한 부분만만 해소법 등이 실려 있으므로 나에게 맞는 방법을
선택해 날씬하고 예쁜 몸매를 만들 수 있을 것이다.
4×6배판 변형 / 196쪽 / 11,000원

알기 쉬운 심장병119
박승정 지음

서울아산병원 심장 내과에 있는 저자가 심장병에 관해 심장질
환이 생기는 원인, 증상, 치료법을 중심으로 내용을 상세하게
해설해 놓은 건강서. 신국판 / 248쪽 / 9,000원

알기 쉬운 고혈압119
이정균 지음

생활 속의 고혈압에 관해 일반인들이 관심을 가지고 예방할 수
있도록 고혈압의 원인, 증상, 합병증 등을 상세하게 해설해 놓
은 건강서. 신국판 / 304쪽 / 10,000원

교 육

우리 교육의 창조적 백색혁명
원상기 지음

자라나는 새싹들이 기본적인 지식과 사고를 종합적 · 창조적으
로 발전시켜 창조적인 사고능력을 배양할 수 있도록 한 교육지
침서. 신국판 / 206쪽 / 6,000원

육아아이디어 263
생활컨설턴트그룹 엮음 · 한양심 옮김

세상에서 가장 예쁘고 소중한 우리 아기에게 언제나 여유로우

면서도 무슨 일이든 척척 처리하는 현명한 신세대 엄마가 되기
위한 최신 육아 정보 수록! 신국판 / 318쪽 / 6,000원

현대생활과 체육
조창남 외 5명 공저

건강의 개념 및 체력의 개요를 비롯한 각종 현대병의 원인과
예방 및 운동요법에 대한 이론과 요즘 각광받는 골프·스키·
볼링 등의 레저스포츠 총망라한 생활체육 총서.
신국판 / 340쪽 / 10,000원

퍼펙트 MBA
IAE유학네트 지음

기존의 관련 도서들과는 달리 Top MBA로 가는 길을 상세하
고 완벽하게 수록. 톱 MBA를 꿈꾸는 지원자들에게 가장 완벽
하고 충실한 최신 정보 제공.
신국판 / 400쪽 / 12,000원

유학길라잡이 Ⅰ-미국편
IAE유학네트 지음

미국의 교육제도 및 유학을 가기 위해서 준비해야 할 절차, 미
국 현지 생활 정보, 최신 비자정보 등을 한눈에 볼 수 있는 유
학길잡이.   4·6배판 / 372쪽 / 13,900원

유학길라잡이 Ⅱ - 4개국편
IAE유학네트 지음

영어권 국가인 영국·캐나다·호주·뉴질랜드의 현지 정보·
교육제도 및 각 국가별 학교의 특화된 교육내용 완전 수록!!
4·6배판 / 348쪽 / 13,900원

조기유학길라잡이.com
IAE유학네트 지음

영어권으로 나이 어린 자녀를 유학보내기 위해 준비중인 학부
모 및 준비생들이 반드시 읽어야 할 필독서!!
영어권 나라의 교육제도 및 학교별 데이터를 완벽하게 수록하
여 유학정보서의 질을 한 단계 상승시킨 결정판!!
4·6배판 / 428쪽 / 15,000원

현대인의 건강생활
박상호 외 5명 공저

현대인들의 건강한 삶을 위한 사회체육의 중요성을 강조. 건강
과 체력 증진을 위한 기본상식, 노인과 건강 등 이론과 스쿼
시·스키·윈드 서핑 등 레저스포츠 등의 실기편으로 이루어
진 알찬 내용 수록.   4·6배판 / 268쪽 / 15,000원

천재아이로 키우는 두뇌훈련
나카마츠 요시로 지음 · 민병수 옮김

화이트 브레인을 발달시켜야 머리가 좋은 아이가 된다.
머리가 좋은 아이로 키우기 위한 환경 만들기, 식사, 운동 등
연령별 두뇌 훈련법 소개.   국판 / 288쪽 / 9,500원

취미·실용

김진국과 같이 배우는 와인의 세계
김진국 지음

포도주 역사에서 분류, 원료 포도의 종류와 재배, 양조·숙
성·저장, 시음법, 어울리는 요리와 와인의 유통과 소비, 와인
시장의 현황과 전망 등 산업적 부분까지 다루었다.
특히 와인소매점과 레스토랑 종사자들을 겨냥, 와인 판매 요
령, 와인의 보관과 재고의 회전뿐만 아니라 고객에게 와인을
권하고 추천할 수 있는 능력, '와인 양조 비밀의 모든 것'을 동
영상으로 제작한 CD까지, 와인의 모든 것이 담긴 종합학습서.
국배판 변형양장본(올 컬러판) / 208쪽 / 30,000원

경제·경영

CEO가 될 수 있는 성공법칙 101가지
김승룡 편역

미래의 CEO를 위한 획기적인 경영실용서로서 또 한 번의 경제
위기를 겪고 있는 우리의 현실을 극복하고 일어설 수 있는 리
더로서의 역할과 책임에 대한 명확한 해답을 제시해줄 것이다.
신국판 / 320쪽 / 9,500원

정보소프트
김승룡 지음

홍수처럼 쏟아지는 정보를 수집·분석하여 효과적으로 활용하
는 방법을 총망라한 정보 전략 완벽 가이드!!
신국판 / 324쪽 / 6,000원

기획대사전
다카하시 겐코 지음 · 홍영의 옮김

저자가 신사업 기획안과 지역 활성화의 프로젝트맨으로 수십
년간 활약하면서 얻은 경험과 체험을 토대로 엮은 완전 실용판
기획지침서로서 히트상품의 개발, 창업의 성공, 업무의 효율
화, 성공적인 마케팅전략, 인재조직의 활용, 비용절감 등 기획
에 관련된 모든 사항을 실례와 도표를 통하여 초보자에서 프로
기획맨에 이르기까지 효율적으로 활용할 수 있도록 체계적으
로 총망라하였다.   신국판 / 552쪽 / 19,500원

맨손창업 · 맞춤창업 BEST 74
양혜숙 지음

창업대행 현장 전문가가 추천하는 유망업종을 7가지 주제별로
나누어 수록한 맞춤창업서로 창업예비자들에게 창업의 길을 밝
혀줄 발로 뛰면서 만든 실무 지침서!! 신국판 / 416쪽 / 12,000원

무자본, 무점포 창업! FAX 한 대면 성공한다
다카시로 고시 지음 · 홍영의 옮김

완벽한 FAX 활용법을 제시하여 가장 적은 자본으로 창업하려
는 예비자들에게 큰 투자를 필요로 하지 않으면서 성공을 이끌
어주는 길라잡이가 되는 실무 지침서.   신국판 / 226쪽 / 7,500원

성공하는 기업의 인간경영
중소기업 노무 연구회 편저 · 홍영의 옮김

무한경쟁시대에서 각 기업들의 다양한 경영 실태 속에서 인사·노무 관리 개선에 있어서 기업의 효율을 높이고 발전을 이룰 수 있는 원칙을 제시. 신국판 / 368쪽 / 11,000원

21세기 IT가 세계를 지배한다
김광희 지음

21세기 화두로 떠오른 IT혁명의 경쟁력에 대해서 전문가의 논리적이고 철저한 해설과 더불어 매장 끝까지 실제 사례를 곁들여 이 책을 통해 21세기 최정상에 오르는 방편을 터득하게 해 줄 것이다. 신국판 / 380쪽 / 12,000원

경제기사로 부자아빠 만들기
김기태·신현태·박근수 공저

날마다 배달되는 경제기사를 꼼꼼히 챙겨보는 사람만이 현대 생활에서 부자가 될 수 있다. 언론인의 현장감각과 학자의 전문성을 접목시킨 것이 이 책의 특성! 누구나 이 책을 읽고 경제 원리를 체득, 경제예측을 할 수 있게 준비된 생활경제서적.
신국판 / 388쪽 / 12,000원

포스트 PC의 주역 정보가전과 무선인터넷
김광희 지음

포스트 PC의 주역으로 급부상하고 있는 정보가전과 무선인터넷 그리고 이를 구현하기 위한 관련 테크놀러지를 체계적으로 소개한 21세기의 현자(賢者)가 되기 위한 지침서.
신국판 / 356쪽 / 12,000원

성공하는 사람들의 마케팅 바이블
채수명 지음

마케팅의 A에서 Z까지 마케팅 박사가 최근의 이론을 보완하여 내놓은 마케팅 관련 실무서. 마케팅의 정보전략, 핵심요소, 컨설팅실무까지 저자의 노하우와 창의적인 이론이 결합된 마케팅서. 신국판 / 328쪽 / 12,000원

느린 비즈니스로 돌아가라
사카모토 게이이치 지음·정성호 옮김

미국식 스피드 경영에 익숙해져 현실의 오류를 간과하고 있는 대기업, 중소기업, 조그맣게 자기 가게를 하고 있는 사람들을 위한 어떻게 팔 것인가보다 무엇을 팔 것인가를 차분히 설명하는 마케팅 컨설턴트의 대안 제시서! 신국판 / 276쪽 / 9,000원

적은 돈으로 큰돈 벌 수 있는 부동산 재테크
이원재 지음

700만 원으로 부동산 재테크에 뛰어들어 100배 불린 저자가 부동산 재테크를 계획하고 있는 사람들이 반드시 알아두어야 할 내용을 경험담을 담아 해설해 놓은 경제서.
신국판 / 340쪽 / 12,000원

바이오혁명
이주영 지음

21세기 국가간 경쟁부문으로 새로이 떠오르고 있는 바이오혁명에 관한 기초지식을 언론사에 몸담고 있는 현직 기자가 아주 쉽게 해설해 놓은 바이오 가이드서. 바이오에 관심은 있지만 쉽게 접근하기 어려워하던 독자들이 바이오에 금방 친숙해질 수 있고, 관련 용어 해설을 수록해 놓았다는 것이 이 책의 최대 장점!! 신국판 / 328쪽 / 12,000원

두뇌혁명
나카마츠 요시로 지음·민병수 옮김

『뇌내혁명』 하루야마 시게오의 추천작!!
어른들을 위한 두뇌 개발서로, 풍요로운 인생을 만들기 위한 '뇌'와 '몸' 자극법 제시. 4·6판 양장본 / 288쪽 / 12,000원

성공하는 사람들의 자기혁신 경영기술
채수명 지음

21세기, 이 시대의 성공인이 되기 위해서는 건전한 인맥 만들기, 재테크, 시간 창출과 취미활동, 이미지 연출과 스트레스 해소를 위한 건강관리 등 자기 계발을 통한 신지식 자기경영마인드를 갖추어야 한다는 전제 아래 그 방법을 자세하게 알려주는 자기계발 지침서. 신국판 / 344쪽 / 12,000원

CFO
교텐 토요오·타하라 오키시 지음 / 민병수 옮김

일반인들에게 생소한 용어인 CFO. 세계화에 발맞추어 기업이 경쟁력을 갖추려면 CFO, 즉 최고 재무책임자의 역할이 지금까지와는 완전히 달라져야 한다. 이에 기업을 이끌어가는 새로운 키잡이로서의 CFO의 역할, 위상 등을 일본의 기업을 중심으로 하여 알아보고 바람직한 방향을 제시한다.
신국판 / 312쪽 / 12,000원

주 식

개미군단 대박맞이 주식투자
홍성걸(한양증권 투자분석팀 팀장) 지음

초보에서 인터넷을 활용한 주식투자까지 필자의 현장에서의 경험을 바탕으로 한 주식 성공전략의 모든 정보 수록.
신국판 / 310쪽 / 9,500원

알고 하자! 돈 되는 주식투자
이길영 외 2명 공저

일본과 미국의 주식시장을 철저한 분석과 데이터화를 통해 한국 주식시장의 투자의 흐름을 파악함으로써 한국 주식시장에서의 확실한 성공전략 제시!! 신국판 / 388쪽 / 12,500원

항상 당하기만 하는 개미들의 매도·매수타이밍 999% 적중 노하우
강경무 지음

승부사를 꿈꾸며 와신상담하는 모든 이들에게 희망의 등불이 될 것을 확신하는 Jusicman이 주식시장에서 돈벌고 성공할 수 있는 비결 전격공개!! 신국판 / 336쪽 / 12,000원

부자 만들기 주식성공클리닉
이창희 지음

저자의 경험담을 섞어서 주식이란 무엇인가를 풀어서 써놓은 주식입문서. 초보자와 자신을 성찰해볼 기회를 가지려는 기존의 투자자를 위해 태어났다. 신국판 / 372쪽 / 11,500원

선물·옵션 이론과 실전매매
이창희 지음

철저한 정글의 법칙이 적용되는 선물과 옵션시장에서 일반인들이 실패하는 원인을 분석하고, 반드시 지켜야 할 투자원칙에 따라 유형별로 실전 매매 테크닉을 터득함으로써 투자를 성공적으로 할 수 있게 한 지침서!! 신국판 / 372쪽 / 12,000원

너무나 쉬워 재미있는 주가차트
홍성무 지음

주식시장에서는 차트 분석을 통해 주가를 예측하는 투자자만이 주식투자에서 성공하므로 차트에서 급소를 신속, 정확하게 뽑아내 매매타이밍을 잡는 방법을 알려주는 주식투자 지침서.
4·6배판 / 216쪽 / 15,000원

역 학

역리종합 만세력
정도명 편저

피흉취길해 나갈 수 있는 생활의 지침서!!
현존하는 만세력 중 최장 기간을 수록하였으며 누구나 이 책을
보고 자신의 사주를 쉽게 찾아보고 맞춰 볼 수 있게 하였다.
신국판 / 532쪽 / 10,500원

작명대전
정보국 지음

좋은 이름 짓는 원리를 체계적으로 공식화한 "쉽게 짓는 작명법"
으로 독자들 스스로 작명할 수 있도록 한글 소리 발음에 입각한 작
명의 원리를 밝힌 길라잡이이다. 신국판 / 460쪽 / 12,000원

하락이수 해설
이천교 편저

점서학인 하락이수를 직역으로 풀어 놓아 원작자의 깊은 뜻을
원형 그대로 전달하고 원문을 공부하려는 사람들에게 도움이
되는 해설서이다. 신국판 / 620쪽 / 27,000원

현대인의 창조적 관상과 수상
백운산 지음

관상에는 그 사람의 평생 운명이 담겨져 있다. 관상을 보면 그
사람의 성격 및 운세, 미래의 성공 여부도 예측할 수 있다.
관상학을 터득하여 적절히 운명에 대처해 나감으로써 어느 분
야에서든지 성공적인 삶을 누릴 수 있는 비법을 전해줄 것이
다. 신국판 / 344쪽 / 9,000원

대운용신영부적
정재원 지음

운명을 새롭게 변화시켜주는 신비의 영부적!!
수많은 역사와 신비로운 경험을 지닌 1,000여 종의 부적과 저
자가 수십 년간 연구 · 개발한 200여 종의 부적들을 집대성한
국내 최대의 영부적이다. 신국판 양장본 / 750쪽 / 39,000원

사주비결활용법
이세진 지음

컴퓨터와 역학의 만남!! 왕초보자도 한글만 알면 신녹현사주
방정식을 실전에 응용할 수 있다. 운명의 숨겨진 비밀을 꿰뚫
어 보는 신녹현사주 방정식의 모든 것을 수록하였다.
신국판 / 392쪽 / 12,000원

컴퓨터세대를 위한 新 성명학대전
박용찬 지음

이름 속에 운명을 바꾸는 비결이 있다. 태어난 아기 이름은 물
론 개명 · 상호 · 아호 짓는 법까지 사람이 살아가면서 필요한
모든 이름 짓기가 총망라되어 각자의 개성과 사주에 맞게 이름
을 지음으로써 본인의 삶에 이름값을 할 수 있도록 누구나 쉽
게 짓는 작명비법을 수록하였다. 신국판 / 388쪽 / 11,000원

길흉화복 꿈풀이 비법
백운산 지음

30년이 넘는 세월을 역학에 몸담으면서 터득한 꿈과 관련된 해
몽들이 상세하게 수록되어 있고 길몽과 흉몽을 구분하여 그림
과 함께 보기 쉽게 엮었으며, 특히 요즘 신세대 엄마들에게 관
심이 많은 태몽이 여러 가지로 자세하게 풀이되어 있다.
신국판 / 410쪽 / 12,000원

새천년 작명컨설팅
정재원 지음

독학으로 풍수지리학, 사주추명학 및 성명학을 섭렵한 저자의
경험을 되살려, 혼자 배워야 하는 독자들도 정말 이해하기 쉽
도록 구성된 신세대 부모를 위한 쉽고 좋은 아기 이름만들기의
결정판이다. 신국판 / 470쪽 / 13,000원

백운산의 신세대 궁합
백운산 지음

인간의 운명을 예언하는 역리학의 대가이며, 매스컴을 통하여
잘 알려진 백운산 선생이 남녀궁합 보는 법뿐만 아니라 인간관
계, 출세, 재물, 자손문제, 건강문제, 성격, 길흉관계 등을 미리
규명할 수 있도록 쉽게 풀어놓았다. 신국판 / 304쪽 / 9,500원

동자삼 작명학
남시모 지음

최초의 한글 성명학으로 한글의 독창성 · 우수성 · 과학성을 운
명철학 차원에서 검증한, 한국사람에게 알맞은 건물명 · 상
호 · 물건명 등의 이름을 자신에게 맞는 한글이름으로 지을 수
있는 작명비법을 제시한다. 신국판 / 496쪽 / 15,000원

구성학의 기초
문길여 지음

좋지 않은 운(運)을 길운(吉運)으로 바꾸어 운명을 새롭게 변화
시키는 방위학의 모든 것을 통하여 개인의 일생운 · 결혼운 ·
사고운 · 가정운 · 부부운 · 자식운 · 출세운을 성공적으로 이끄
는 비법 공개. 신국판 / 412쪽 / 12,000원

법률 일반

여성을 위한 성범죄 법률상식
조명원(변호사) 지음

성희롱에서 성폭력범죄까지 여성이었기 때문에 특히 말 못하
고 당해야만 했던 이 땅의 여성들을 위한 성범죄 법률상식서.
사례별 법적 대응방법 제시. 신국판 / 248쪽 / 8,000원

아파트 난방비 75% 절감방법
고영근 지음

예비역 공군소장이 잘못 부과된 아파트 난방비를 최고 75%까
지 줄일 수 있는 방법을 구체적인 법적 근거를 토대로 작성한
아파트 난방비 절감방법 제시. 신국판 / 238쪽 / 8,000원

일반인이 꼭 알아야 할 절세전략 173선
최성호(공인회계사) 지음

세법을 제대로 알면 돈이 보인다.
현직 공인중개사가 알려주는 합법적으로 세금을 덜 내고 돈을
버는 절세전략의 모든 것! 신국판 / 392쪽 / 12,000원

변호사와 함께하는 부동산 경매
최환주(변호사) 지음

새 상가건물임대차보호법에 따른 권리분석과 채무자나 세입자
의 권리방어기법은 제시한다. 또한 새 민사집행법에 따른 각
사례별 해설도 수록. 신국판 / 404쪽 / 13,000원

혼자서 쉽고 빠르게 할 수 있는 소액재판
김재용 · 김종철 공저

나홀로 소액재판을 할 수 있도록 소장작성에서 판결까지의 실제 재판과정을 상세하게 수록하여 이 책 한 권이면 모든 것을 완벽하게 해결할 수 있다. 신국판 / 312쪽 / 9,500원

"술 한 잔 사겠다"는 말에서 찾아보는 채권 · 채무
변환철 지음

현대인들의 삶은 채권 · 채무라는 법률영역으로부터 벗어나서 살 수 없기 때문에 채권 · 채무 관련 분쟁이 끊임없이 발생하고 있다. 일반인들이 꼭 알아야 할 채권 · 채무에 관한 법률 사항을 빠짐없이 수록했다. 신국판 / 408쪽 / 13,000원

알기쉬운 부동산 세무 길라잡이
이건우 지음

부동산을 사거나 팔 경우, 상속을 받을 경우, 또는 부동산을 소유하고 있을 경우 부동산에 관련된 모든 세금을 알기 쉽게 단계별로 해설하고 있다. 합리적이고 탈세가 아닌 적법한 절세법 제시. 신국판 / 400쪽 / 13,000원

알기쉬운 어음, 수표 길라잡이
변환철(변호사) 지음

어음, 수표의 발행에서부터 도난 또는 분실한 경우의 공시최고와 제권판결에 이르기까지 어음, 수표 관련 법률사항을 쉽고도 상세하게 압축해 놓은 생활법률서. 신국판 / 328쪽 / 11,000원

제조물책임법
강동근 · 윤종성 공저

제품의 설계, 제조, 표시상의 결함으로 소비자가 피해를 입었을 때 제조업자가 배상책임을 져야 하는 제조물책임 시대를 맞아 제조업자가 갖춰야 할 법률적 지식을 조목조목 설명해 놓은 법률서. 신국판 / 368쪽 / 13,000원

생활법률

부동산 생활법률의 기본지식
대한법률연구회 지음 · 김원중 감수

부동산관련 기초지식과 분쟁해결을 위한 노하우, 테크닉을 제시하고 권두 특집으로 주택건설종합계획과 부동산 관련 정부 주요 시책을 소개하였다. 신국판 / 480쪽 / 12,000원

고소장 · 내용증명 생활법률의 기본지식
하태웅 지음

고소 · 고발의 법적 의미를 정확히 이해하고 스스로 고소 · 고발장을 작성할 수 있도록 예문과 서식을 함께 소개하여 문제해결에 대응할 수 있도록 하였다. 또 민사소송에 대해서도 자세하게 설명하였다. 신국판 / 440쪽 / 12,000원

노동 관련 생활법률의 기본지식
남동희 지음

4만 여 건 이상의 무료 상담을 계속하고 있는 저자의 상담 사례를 통해 문답식으로 풀어나가는 노동 관련 생활법률 해설의 최신 결정판이다. 아울러 취업규칙 · 단체협약 · 고용보험 관련 여러 가지 서류 및 직장 내 성희롱 예방 지도 지침 등과 같은 노동 관련 양식도 곁들었다. 신국판 / 528쪽 / 14,000원

외국인 근로자 생활법률의 기본지식
남동희 지음

외국인 연수협력단의 자문위원으로 오랜 시간 실무를 접했던 저자의 경험을 바탕으로 외국인 근로자의 체류자격 및 취업자격 등 법적 문제와 법률적 지위를 상세하게 다루었다. 신국판 / 400쪽 / 12,000원

계약작성 생활법률의 기본지식
이상도 지음

법을 전공하지 않은 사람이라도 국민생활과 직결된 계약법의 기초를 이루는 핵심 기본지식을 체계적으로 이해할 수 있도록 했으며, 간단명료한 해설과 더불어 이와 관련된 계약서 작성 예문을 상세하게 예시함으로써 실제 상황에 활용가능하게 하였다. 신국판 / 560쪽 / 14,500원

지적재산 생활법률의 기본지식
이상도 · 조의제 공저

현대 산업사회에서 중요시되고 있는 특허, 실용신안, 의장, 상표, 저작권, 컴퓨터프로그램저작권 등 지적재산의 모든 것을 체계화하여 한 권으로 요약하였다. 신국판 / 496쪽 / 14,000원

부당노동행위와 부당해고 생활법률의 기본지식
박영수 지음

노사관계 핵심사항인 부당노동행위와 정리해고 · 징계해고를 중심으로 간단 명료한 해설과 더불어 대법원 판례, 노동위원회에 의한 구제절차, 소송절차 및 노동부 업무처리지침을 소개 신국판 / 432쪽 / 14,000원

주택 · 상가임대차 생활법률의 기본지식
김운용 지음

전세업자들이 보증금 반환소송이나 민사소송, 경매절차까지의 기본적인 흐름을 알 수 있도록 인터넷을 통한 실제 법률 상담을 전격 수록하였다. 사전 분쟁을 막고 많은 시간과 비용 및 정신적 고통까지 당하는 소송이나 강제집행의 단계에 이르지 않고 문제 해결을 할 수 있도록 하였다. 신국판 / 480쪽 / 14,000원

하도급거래 생활법률의 기본지식
김진홍 지음

경제적 약자인 하도급업자를 위하여 하도급거래 관련 필수적인 법률사안들을 쉽게 해설함과 동시에 실무에 필요한 12가지 하도급표준계약서를 소개하여 공정한 하도급거래의 법률자문 역할을 할 수 있도록 하였다. 신국판 / 440쪽 / 14,000원

이혼소송과 재산분할 생활법률의 기본지식
박동섭 지음

이혼과 관련하여 해결해야 할 법률문제들을 저자의 실무경험을 바탕으로 명쾌하게 해설하였다. 아울러 약혼이나 사실혼과 기로 인한 위자료문제도 함께 다루어 가정문제로 고민하는 사람들에게 길잡이가 되도록 하였다. 신국판 / 460쪽 / 14,000원

부동산등기 생활법률의 기본지식
정상태 지음

등기를 하지 않으면 어떤 위험이 따르고, 등기를 하면 어떤 효력이 생기는가! 등기신청은 어떻게 하며, 필요한 서류는 무엇이고, 등기종류에는 어떤 것들이 있는가 등 부동산등기 전반에 걸쳐 일반인이 꼭 알아야 할 법률상식을 간추려 간단, 명료하게 해설하였다. 신국판 / 456쪽 / 14,000원

기업경영 생활법률의 기본지식
안동섭 지음

사업을 구상하고 있는 사람이나 현재 경영하고 있는 사람 및

관리실무자에게 필요한 법률을 체계적으로 알려줌으로써 성공적인 기업 경영자의 비전을 제시해준다. 또한 관련 법률서식과 서식작성 예문도 함께 소개하였다. 신국판 / 466쪽 / 14,000원

교통사고 생활법률의 기본지식
박정무 · 전병찬 공저

교통사고 당사자가 쉽게 응용할 수 있도록 단계별 해결책을 제시함과 동시에 사고유형별 Q&A를 통하여 상세한 법률자문 역할을 하였다. 신국판 / 480쪽 / 14,000원

소송서식 생활법률의 기본지식
김대환 지음

일상생활과 밀접한 소송서식을 중심으로 소장작성부터 판결을 받을 때까지 그 절차마다 법원에 제출하는 순위에 따라 그 서식작성요령을 서식마다 항목별로 자세하게 설명하였다.
신국판 / 480쪽 / 14,000원

호적 · 가사소송 생활법률의 기본지식
정주수 지음

개명, 성 · 본 창설, 취적절차 및 법원의 허가 및 판결에 의한 호적정정절차, 친권 · 후견절차, 실종선고 · 부재선고절차에 상세한 해설과 함께 신고서식 작성요령과 구비할 서류 및 재판절차에 대하여 자세히 설명. 신국판 / 516쪽 / 14,000원

상속과 세금 생활법률의 기본지식
박동섭 지음

상속재산분할, 상속회복청구, 유류분반환청구, 상속세부과처분취소 등 상속관련 사건들을 해결하는 데 도움이 되도록 상속법과 상속세법을 상세하게 함께 수록. 신국판 / 480쪽 / 14,000원

담보 · 보증 생활법률의 기본지식
류창호 지음

살아가다 보면 담보를 제공하거나 보증을 서는 일이 비일비재하다. 이렇게 담보를 제공하거나 보증을 섰는데 문제가 생겼을 때의 해결방법을 법조항 설명과 함께 실례를 실어 알아 본다.
신국판 / 436쪽 / 14,000원

성공하는 사람들의 화술테크닉
민영욱 지음

개인간의 사적인 대화에서부터 대중을 위한 공적인 강연에 이르기까지 어떻게 말하고 어떻게 스피치를 할 것인가에 관한 지침서. 자신의 경험을 바탕으로 한 이론을 통해 화술이 부족해서 사회에 적응하지 못하는 사람들에게 길라잡이가 된다.
신국판 / 320쪽 / 9,500원

부자들의 생활습관 가난한 사람들의 생활습관
다케우치 야스오 지음 · 홍영의 옮김

경제학의 발상을 기본으로 하여 사람들이 살아가면서 생활에서 생각해 볼 수 있는 이익을 보는 생활습관과 손해를 보는 생활습관을 수록, 독자 자신에게 맞는 생활습관의 기본 전략을 설계할 수 있도록 제시. 신국판 / 320쪽 / 9,800원

코끼리 귀를 당긴 원숭이-히딩크식 창의력을 배우자
강충인 지음

코끼리와 원숭이의 우화를 히딩크의 창조적 경영기법과 리더십에 대비하여 자기혁신, 기업혁신을 꾀하는 창의력 개발법을 제시. 신국판 / 208쪽 / 8,500원

성공하려면 유머와 위트로 무장하라
민영욱 지음

21세기에 들어 새로운 추세를 형성하고 있는 말 잘하기. 이러한 추세에 맞추어 현재 스피치 강사로 활약하고 있는 저자가 말을 잘하는 방법과 유머와 위트를 만들고 즐기는 방법을 제시한다. 신국판 / 292쪽 / 9,000원

등소평의 오뚝이전략
조창남 편저

중국 역사상 정치 · 경제 · 학문 등의 분야에서 최고 위치에 오른 리더들의 인재활용, 상황 극복법 등 처세 전략 · 전술을 통해 이 시대의 성공인으로 자리매김하는 해법 제시.
신국판 / 304쪽 / 9,500원

처 세

성공적인 삶을 추구하는 여성들에게 우먼파워
조안 커너 · 모이라 레이너 공저, 지창영 옮김

사회의 여성을 향한 냉대와 편견의 벽을 깨뜨리고 성공적인 삶을 이루려는 여성들이 갖추어야 할 자세 및 삶의 이정표 제시!!
신국판 / 352쪽 / 8,800원

聽 이익이 되는 말 話 손해가 되는 말
우메시마 미요 지음 · 정성호 옮김

상호 교류감이 있는 대화가 인생과 비즈니스를 성공으로 이끈다. 직장이나 집안에서 언제나 주고받는 일상의 화제를 모아실음으로써 대화의 참의미를 깨닫고 비즈니스를 성공적으로 이끌기 위한 대화술을 키우는 방법 제시!!
신국판 / 304쪽 / 9,000원

명 상

명상으로 얻는 깨달음
달라이 라마 지음 · 지창영 옮김

티베트의 정신적 지도자이자 실질적 지도자인 달라이 라마의 수많은 가르침 가운데 현대인에게 필요해지고 있는 인내에 대해 문답형으로 풀어놓았다. 달라이 라마와 함께 풀어보는 인내에 대한 이야기. 국판 / 320쪽 / 9,000원

어 학

2진법 영어
이상도 지음

영어학습의 대혁명!!
2진법 영어의 비결을 통해서 기존 영어학습 방법의 단점을 말끔히 해소시켜 주는 최초로 공개되는 고효율 영어학습 방법. 적은 시간을 투자하여 영어의 모든 것을 획기적으로 향상시킬 수 있는 비법을 제시한다. 4·6배판 변형 / 328쪽 / 13,000원

한 방으로 끝내는 영어
고제윤 지음

일상생활에서의 이야기를 바탕으로 하는 영어강의로 영어문법은 재미없고 지루하다고 생각하는 이 땅의 모든 사람들의 상식을 깨면서 학습 효과를 높이기 위한 공부방법을 제시하는 새로운 영어학습서.
이 책으로 영어문법을 마스터하여 영어의 벽을 뛰어넘도록 하자. 신국판 / 316쪽 / 9,800원

한 방으로 끝내는 영단어
김승엽 지음 / 김수경·카렌다 감수

일상생활에서 우리가 무심코 던지는 영어 한마디가 당신의 영어수준을 드러낸다는 사실을 깨닫게 하는 영어 실용서. 풍부한 예문을 통해 참영어를 배우겠다는 사람, 무역업이나 관광 안내업에 종사하는 사람, 영어권 나라로 이민을 가려는 사람들에게 많은 도움을 줄 것이다. 4·6배판 변형 / 236쪽 / 9,800원

테마별 고사성어로 익히는 한자
김경익 지음

세글자, 네글자로 이루어진 고사성어를 통해 실용한자를 익히고 성어 속에 담긴 의미도 오늘에 맞게 재해석 해보는 한자 학습서 4·6배판 변형 / 248쪽 / 9,800원

해도해도 안 되던 영어회화 하루에 30분씩 90일이면 끝낸다
Carrot Korea 편집부 지음

온라인과 오프라인을 넘나들면서 영어학습자들의 각광을 받고 있는 린다의 현지 생활 영어 수록. 교과서에서 배울 수 없었던 생생한 실생활 영어를 90일 학습으로 모두 끝낼 수 있다.
4·6배판 변형 / 260쪽 / 15,000원

바로 활용할 수 있는 기초생활영어
김수경 지음

다양한 상황에 대처할 수 있도록 인사나 감정 표현, 전화나 교통, 장소 및 기타 여러 사항에 관한 기초생활영어를 총망라.
신국판 / 240쪽 / 10,000원

팀에 애정을 가지고 브라질 축구팀의 전력 및 각 선수들의 장단점을 나름대로 분석하고 연구하여 자신의 의견을 피력하고 있는 축구 길라잡이서. 신국판 / 280쪽 / 8,500원

마라톤, 그 아름다운 도전을 향하여
빌 로저스·프리실라 웰치·조 헨더슨 공저 / 오인환 감수 / 지창영 옮김

마라톤에 입문하고자 하는 초보 주자들을 위한 마라톤 가이드서. 올바르게 달리는 법, 음식 조절법, 달리기 전 준비운동. 주자에게 맞는 프로그램 짜기, 부상 예방법을 상세하게 설명하고 있다. 4·6배판 / 320쪽 / 15,000원

퍼팅 메커닉
이근택 지음

감각에 의존하는 기존 방식의 퍼팅은 이제 그만!!
저자 특유의 과학적 이론을 신체근육 운동학에 접목시켜 몸의 무리를 최소한으로 덜고 최대한의 정확성과 거리감을 갖게 하는 새로운 퍼팅 메커닉 북.
4·6배판 변형 / 192쪽 / 18,000원

스포츠

수열이의 브라질 축구 탐방 삼바 축구, 그들은 강하다
이수열 지음

축구에 대한 관심만으로 각 나라의 축구팀, 특히 브라질 축구

CFO
기업 재창조를 위한 리더십

2003년 3월 5일 제1판 1쇄 발행

지은이/교텐 토요오 · 타하라 오키시
옮긴이 /민병수
펴낸이/강선희
펴낸곳/가림출판사

등록/1992. 10. 6. 제4-191호
주소/서울시 광진구 구의동 57-71 부원빌딩 4층
대표전화/458-6451   팩스/458-6450
홈페이지 http://www.galim.co.kr
e-mail galim@galim.co.kr

값 12,000원

ISBN 89-7895-130-9 13320